오싹한 유령들과 함께 미스터리한 캠핑을 떠나 볼래? 나, 탐정 유령이 유령들이 우글대는 캠핑장으로 안내할게. 단, 이것만 지켜 줘!

· 샤워실 유령 보고 놀라지 않기!
· 유령에게 캠핑 음식 안 주기!
· 텐트 속에서 혼자 자지 말기!

감수 · 이지연(수학영재교육원 강사 및 초등학교 교사)
2010년 서울교육대학교 졸업 후 현재 서울미동초등학교에서 학생들을 가르치고 있습니다.
서울특별시서부교육지원청 영재교육원(수·과학융합분야) 강사 및 서울특별시 지정 단위학교
수학영재학급 강사로 활동하고 있습니다.

지음 · 정재은
출판 편집과 방송 작가 등 여러 직업을 통해 얻은 경험을 바탕으로 어린이 작가로 활동 중입니다.
그동안 지은 책으로는 《수학이 궁금할 때 피타고라스에게 물어봐》《개념 쏙쏙 참 쉬운 수학》
〈스토리텔링 수학〉 시리즈의 《불가사의 수학》《스파이 수학》《바이킹 수학》《로봇 수학》《드론 수학》 등이 있습니다.

그림 · 김현민
2000년 주간 〈아이큐 점프〉에 '비켜 비켜'를 연재하면서 데뷔하였습니다. 펴낸 책으로는 《퀴즈 과학상식−곤충》
〈스토리텔링 수학〉 시리즈의 《미로 수학》《캠핑 수학》《게임 수학》《불가사의 수학》《로봇 수학》
《드론 수학》 등이 있습니다.

2015년 8월 10일 개정판 1쇄 펴냄
2021년 1월 20일 개정판 7쇄 펴냄

지음 · 정재은　**그림** · 김현민
감수 · 이지연(수학영재교육원 강사 및 초등학교 교사)
채색 · 박은자, 조숙희　**표지 채색** · 최윤열

펴낸이 · 이성호
펴낸곳 · (주)글송이

편집/디자인 · 임주용, 최영미, 한나래, 권빈
마케팅 · 이성갑, 윤정명, 이현정, 김병선, 문현곤, 조해준, 이동준
경영지원 · 최진수, 이인석, 진승현, 손가영

출판 등록 · 2012년 8월 8일 제2012−000169호
주소 · 서울시 서초구 능안말1길 1 (내곡동)
전화 · 578−1560~1　**팩스** · 578−1562
홈페이지 · www.gsibook.com

ⓒ글송이, 2015

ISBN 979−11−7018−098−2　74410
　　　979−11−86472−87−3 (세트)

*이 도서의 국립중앙도서관 출판시도서목록(CIP)은 서지정보유통지원시스템 홈페이지(http://seoji.nl.go.kr)와
　국가자료공동목록시스템(http://www.nl.go.kr/kolisnet)에서 이용하실 수 있습니다. (CIP제어번호: CIP2015020498)

교과서 연계
수학 개념·원리

스토리텔링
·수학·

수학유령의
미스터리
캠핑수학

정재은 지음 김현민 그림 이지연 감수

글송이

재밌는 캠핑 속 수학 원리!

STEAM(스팀, 융합인재교육) 교육, 많이 들어 봤나요?
STEAM 교육이란, 과학(Science), 기술(Technology),
공학(Engineering), 예술(Arts), 수학(Mathematics)을 융합하고
실생활에 접목시켜 지식과 감성을 겸비할 수 있도록 학습하는
교육 모형이에요.
STEAM 교육을 통해 수학에 대한 흥미뿐만 아니라
수학적 창의력과 사고력을 키울 수 있지요.
STEAM 교육법을 적용하여 캠핑 이야기 속에서 다양한
문제들을 해결해 나가는 **《수학 유령의 미스터리 캠핑 수학》**!
천재와 함께 캠핑장을 배경으로 벌어지는 유령 사건과
수학 문제를 해결해 나가며 신나게 캠핑을 즐겨 보세요.
흥미진진하고 재밌는 이야기로 풀어 나가는 스토리텔링
수학 동화를 읽다 보면, 어느새 수학 자신감이 자라날 거예요.

수학영재교육원 강사 및 초등학교 교사 이지연

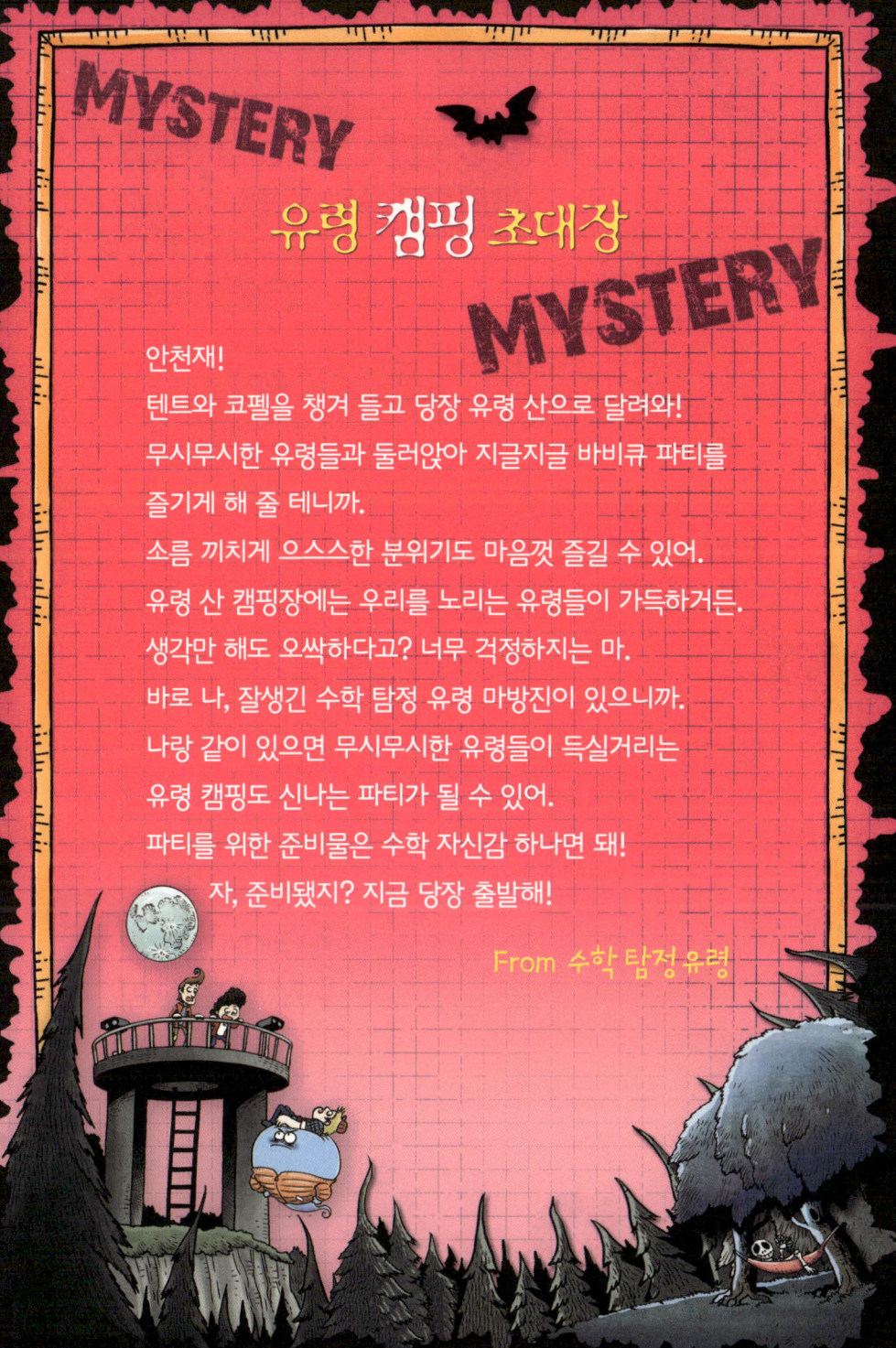

차례

프롤로그
우리 가족은
스마트폰 전쟁 중
··· 9

미국 대통령의
비밀스러운 텐트 · 17

1 캠핑 유령에게 홀린
천재 아빠 ··· 18

2 유령 산에서
으스스한 캠핑을!
··· 28

3 직사각형 텐트 VS
정육각형 텐트 ··· 39

캠핑 텐트 VS 유목민의
이동식 집 · 47

4 낚싯줄에 끌려 나온
수학 탐정 유령 ··· 48

5 캠핑지기 아저씨의
미스터리한 비밀 ··· 60

6 유령 산에 사는
수상한 나무 유령 ··· 77

캠핑장을 습격하는
동물들 · 87

7 20층 높이의
나무 장작 계산법
··· 88

8 캠핑장을 떠도는 거지 유령들 … 102

9 탈의실에 숨어 있는 수학 퍼즐 유령! … 113
미스터리한 캠핑 요리 • 123

10 끝임없이 생기는 프랙털 미로 … 124

11 교통사고에 숨겨진 놀라운 비밀 … 138

12 전망대에 나타난 검은 그림자의 정체 … 153
미지의 세계로 탐험을 떠난 수학자 • 163

13 수학 탐정 유령, 아빠를 구해 줘! … 164

14 캠핑장 유령들의 마지막 캠프파이어 … 176

에필로그
캠핑장의 진짜 사나이 … 191
캠핑 짐에 숨은 수학 비밀 • 198

초등 수학 교과 연계표 • 199

프롤로그

우리 가족은
스마트폰 전쟁 중

"안천재!"
"으악, 죽었어! 엄마 때문에 죽었잖아요!"
 한참 잘 나가고 있었는데 엄마 때문에 놀라서 그만 죽어 버렸어. 우리 집 강아지 흰둥이 이야기냐고? 아~ 아니. 스마트폰 게임 말이야. 엄마 때문에 죽었으니까 다른 거 해야겠다. 게임머니를 충전하려면 아빠의 개인 정보가 필요…….
 "천재 너, 이거 뭐야? 웬 전화 요금이 이렇게 많이 나왔어? 하라는 공부는 안 하고 도대체 뭘 한 거야? 스마트폰 사 주면 공부하는 데 쓰겠다더니 게임만 하고.

수학 성적 좀 올랐다고 건방 떠는 거야? 아니면 스마트폰 중독이야? 중독이 얼마나 무서운 건 줄 알아?"

엄마의 폭풍 잔소리가 시작됐어. 잔소리 처리 모드 시작! 숨을 크게 들이마신다. 귓구멍을 크게 연다. 잔소리를 모아 한 뭉텅이씩 귓속으로 들어가게 한다. 잔소리가 귀 털에 붙기도 전에 재빨리 반대쪽 귓구멍으로 밀어낸다. 잔소리 처리 모드의 생명은 '재빨리'야. 잔소리가 귓속에 오래 머물수록 기분이 나빠지거든.

"너 지금 엄마 말 듣고 있는 거야? 안 되겠다. 스마트폰 내놔."

아! 그것만은……, 그것만은 안 돼요. 스마트폰은 내 생명……은 아니지만 내 영혼……도 아니지만 그 다음으로 중요한 물건이라고요.

나는 소중한 스마트폰을 등 뒤로 감추고 고개를 절레절레 흔들었어. 절대로 안 된다는 강력한 눈빛도 쏘았지. 엄마는 눈에 불꽃을 튀며 내 눈빛을 반사했어.

"거참, 줬다 뺏으면 기분 나쁘지."

웬일인지 아빠가 한마디 거들어 줬어. 하긴 아빠는 내 마음을 이해할 거야. 아빠야말로 진정한 스마트폰 중독자니까.

아빠의 스마트폰은 거의 손바닥이야. 밥을 먹을 때도, 똥을 쌀 때도, 코를 팔 때도, 배를 긁을 때도, 잠을 잘 때도 꼭 쥐고 있거든. 텔레비전을 보면서도 스마트폰을 하고, 수영장에 가서도 스마트폰 때문에 물에 들어가지도 못 해. 한마디로 아빠의 영혼은 스마트폰인 셈이지. 그런 아빠의 아들로 태어났는데, 겨우 이 정도도 못 해? 엄마도 그렇게 생각했나 봐. 불꽃이 순식간에 아빠에게 튀었거든.

"이게 다 당신 때문이야! 당신이 책은 한 글자도 안 보고 스마트폰만 들여다보니까 천재가 갈수록 이러는 거 아니야? 게임머니 충전은 왜 해 줘? 얼마인 줄이나 알고 해 준 거야?"

"알았어, 알았어. 이제 안 해 주면 될 거 아니야."

아빠는 너무 쉽게 항복했어. 하지만 엄마는 항복을 받아 주지 않았어. **엄마는 진정한 전사!** 피 튀기는 전투를 치르고 정정당당하게 승리를 쟁취하는 걸 좋아하거든.

"이제 안 해 주면 되는 게 아니라 처음부터 해 주지 말았어야지. 그건 제대로 사랑하는 방법이 아니야. 천재 너도 엄마 몰래 아빠한테 그런 부탁 하면 안 되지. 비겁해. 남자가 비겁하면 얼마나 매력 없는 줄 알아? 도대체 누굴 닮아 비겁한 거야? 우리 집에 비겁한 유전자는 없다고."

삐이—. 잔소리 처리 모드 실패.

엄마의 너무나 엄청난 잔소리 공격에 잔소리 뭉텅이는 내 귓속을 빠져나가기도 전에 그만 터지고 말았어.

"알았어요, 알았으니까 그만해요!"

"알았어, 알았으니까 그만 좀 해!"
아빠와 나는 한목소리로 외쳤지.
"어머, 지금 누가 잘못했는데……."
엄마는 우리를 할퀼 듯이 흘겨보았어.
 그날 밤, 아빠는 내 방에 와서 잤어. 내 침대 위에서 드르렁드르렁 코를 골며. 하는 수 없이 난 바닥으로 내려왔어. 아빠와 몸을 붙이고 잘 수는 없잖아. 바닥은 딱딱하고 코 고는 소리는 시끄럽고……. 어휴 참, 난 예민하고 섬세한 사춘기 소년이라고. 자꾸 이러면 반항할 테야!
 "예민하고 섬세한 사춘기 소년!"
 눈을 번쩍 떴어. 빨간 머리에, 까만 망토를 입고, 까만 모자를 쓰고, 까만 요술봉을 든 마녀가 까만 까마귀를 어깨에 얹은 채 낡은 요술 빗자루를 타고 날아왔어.
 "소년, 사는 게 쉽지 않지? 소원이 뭐야? 내가 들어줄게."
 마녀는 검은 눈동자를 초롱초롱 빛내며 물었어.
 "깊이 생각할 것 없어. 그냥 딱 생각나는 대로 말해 봐."
 "무제한."
 내 입에서 왜 그 단어가 튀어나왔을까?
 "아! 스마트폰을 무제한으로 쓰고 싶다고? 게임머니도

무제한으로 쓰고?"

마녀는 내 마음을 나보다 더 잘 알았어.

"좋아. 네 소원을 들어줄게. 대신 조건이 있어. 네 아빠를 내게 넘겨."

"네? 아빠를요?"

"어차피 네겐 별로 필요 없잖아."

용돈 주는 것 말고는 딱히 소용이 없지만, 그래도 아빠를 냉큼 넘길 순 없지. 남들이 알면 뭐라고 하겠어?

"에이, 아빠를 어떻게 넘겨요?"

한 번은 거절했어. 마녀는 드르렁 푸푸 자고 있는 아빠를 가리켰어.

"간단해. 침대 주인은 자기 침대에서 자는 사람을 마녀에게 넘길 수 있거든. 시간이 별로 없네. 스마트폰을 무제한, 평생 쓸 수 있는 기회가 10초 후면 날아갈 거야. 네가 거절하면 이 행운은 다른 아이에게 돌아갈 테니. 십, 구, 팔……."

"아, 알았어요. 넘길게요. 그 대신 약속 꼭 지켜요."

마녀는 새끼손가락을 까딱거리며 씩 웃었어. 그러고는 까만 요술봉으로 아빠의 이마를 톡 쳤어.

"아푸푸푸푸."

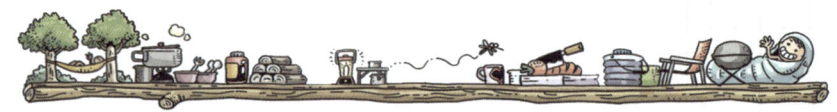

　아빠가 숨을 길게 내쉬었어. 마녀도 사라졌어.
　살짝 겁이 났어. 정말로 아빠에게 나쁜 일이 생길까 봐 잠깐 동안 지켜보았지. 그런데 졸음이 막 쏟아지는 거 있지! 아빠는 어른이니까 무슨 일이 생겨도 알아서 잘 하겠지? 나는 곧 쿨쿨 잠이 들었어.
　다음 날 아침, 눈을 뜨자마자 자고 있는 아빠에게 물었어.
　"아빠, 나 스마트폰 무제한으로 써도 돼요?"
　"어? 음, 응, 알아서 해."
　아빠는 눈도 뜨지 않은 채 말했어. 좋기는 한데, 꿈속에서 본 마녀가 생각나 조금 불길한 예감도 들었어.
　"내 꿈은 개꿈이야. 완전 똥개 꿈."
　큰 소리를 치고 스마트폰을 켰어. 즐거운 세계가 나를 반겼지.

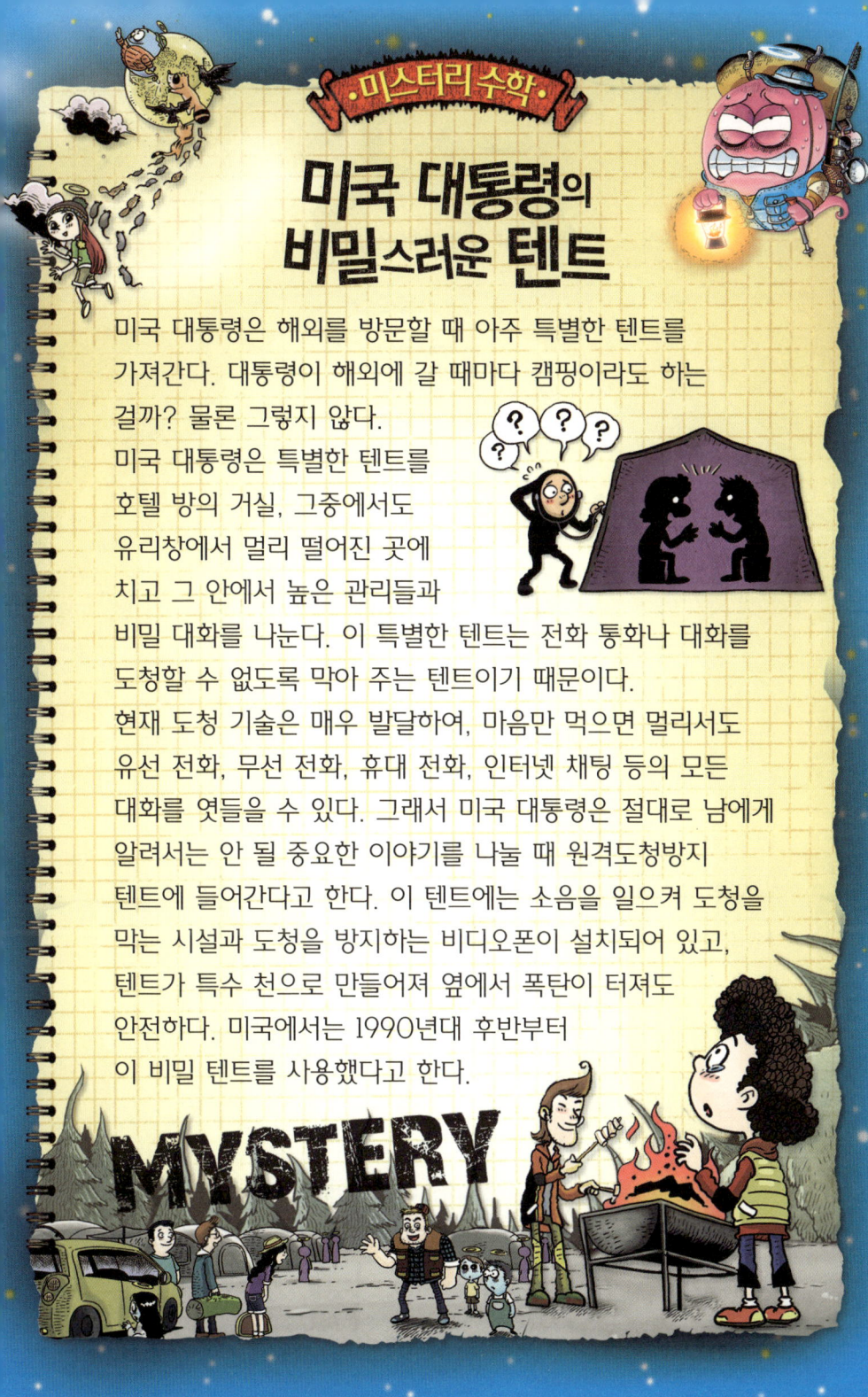

캠핑 유령에게 홀린 천재 아빠

눈에서 뿅뿅 하트가 나올 정도로 마음에 쏙 드는 물건을 발견할 때가 있어. 1학년 때는 학교 앞 문방구에 그런 물건들이 많았어. 지금은 가끔 마트에서 빛나는 물건을 발견해. 그때의 즐거움이란! 물론 살 수 있을 때 얘기야. 사고 싶은 걸 당장 사지 못하고 생일이나 크리스마스, 치사하게는 100점을 맞을 때까지 기다려야 할 땐 마음이 찢어지는 것 같아. 하지만 **짠돌이 우리 아빠**는 내 마음을 이해하지 못했지.

"뭘 자꾸 사려고 해. 나중에 다 쓰레기 될 걸……."

그런데 그날은 아빠가 좀 이상했어. 엄마의 잔소리

 공격으로 모두가 서먹해진 일요일 저녁, 우리는 화해의 의미로 스파게티를 먹으러 나갔어. 한마디 말도 없이 배만 부르게 먹고 나오다 캠핑 매장 앞을 지나갔지.
 "당신도 천재랑 캠핑 같은 거 하면 어때? 아빠와 함께 자연에서 텐트 치고 야영하다 보면 천재가 스마트폰 따위에 빠지지는 않을 거야."
 아빠는 커다란 텐트가 진열된 가게 안을 슬쩍 보고 고개를 절레절레 흔들었어.

"집 나가면 고생이야. 멀쩡한 집 놔두고 왜 힘들게 텐트에서 자?"

됐다고요, 나도 캠핑 별로예요.

내 친구 주리는 캠핑을 자주 다녀. 주리가 누구냐고? 유령, 귀신, 해골, 마녀 등등 끔찍한 것이라면 무엇이든 좋아하는 '공포의 여왕'이야. 나 같은 무결점 순수 초딩이 어쩌다 공포의 여왕과 친구가 되었는지 모르겠어. 아무튼 주리는 캠핑을 하면 한밤중에 밤하늘의 별에서 뚝뚝 떨어지는 외계인 유령을 볼 수 있다며 킬킬거렸지. 정말로 별에서 외계인 유령들이 뚝뚝 떨어질까? 좀 궁금하기는 하네.

유리창을 통해 가게 안을 멍하니 쳐다보고 있는데 갑자기 엄청나게 밝은 빛이 번쩍였어.

"아얏! 이게 뭐야?"

소리를 지르며 눈을 감았다 떴어. 1초도 안 되는 아주

 짧은 순간이었어. 그런데 우리 아빠가 가게 안에 서 있는 거 있지? 발소리도 안 나고 문소리도 안 났는데 어떻게 된 거지? 순간 이동이라도 한 걸까? 얼른 가게 안으로 따라 들어갔어.

 "캠핑 장비 주세요. 이것도 주고, 이것도 주고, 이것도 주고……."

 아빠는 텐트랑 침낭이랑 의자랑 다른 캠핑 장비들을 손가락질하며 다 사겠다고 외쳤어. 사탕 가게에 선 어린애처럼 좋아서 **팔짝팔짝** 뛰면서 말이야.

 "아빠!"

 "가만 좀 있어 봐. 저건 해먹인가요? 오! 해먹에서 낮잠 자는 게 내 꿈이었어요. 당장 하나 주세요. 아니, 두 개."

 "오! 캠핑 전문가이신가 봐요."

 가게 주인이 활짝 웃으며 말했어.

 "캠핑 가려면 이 정도는 있어야죠. 캠핑 사이트(캠핑장 야영지)를 구축하려면 텐트, 타프, 그라운드시트, 이너매트는 기본. 침구로는 침낭, 매트리스, 야전 침대, 전기장판이 필수. 키친 도구로는 테이블, 의자, 아이스박스, 코펠, 버너, 칼, 도마, 컵, 앞치마, 커피 메이커, 수저, 화로, 더치오븐, 토치 정도는 있어야지."

　캠핑은 한 번도 가본 적 없다던 아빠는 전문가처럼 장비 이름을 줄줄 읊었어. 꼭 **캠핑 귀신**에 홀린 사람처럼 말이야. 가게 주인은 아빠의 주문대로 캠핑 장비를 다 꺼내 계산대 옆에 쌓았지.

"아빠, 이걸 왜 사요?"
아빠의 허리를 콕콕 찌르며 물었어.
"캠핑 갈 거야. 당장 내일."
"누가요?"

"나와 너. 아빠와 아들. 음하하하!"

"난 별론데요. 게다가 내일은 월요일이에요. 학교 가야죠."

아빠는 아무 말도 안 들리나 봐. 점퍼의 안주머니에서 신용 카드를 꺼내 쫘악!

"물건들은 당장 우리 집으로 배달해 주세요."

"예, 당장 배달하겠습니다."

주인아저씨는 싱글벙글, 아빠도 싱글벙글이었어.

이상한 낌새를 눈치챈 엄마가 뛰어들어 왔어.

"당신 여기서 뭐 해?"

"당신 말이 옳아. 스마트폰에 빠진 우리 아들을 구하기 위해 캠핑을 갈 거야."

"그렇다고 뭘 이렇게 많이 사? 텐트랑 코펠(휴대용 음식 조리 도구)만 있으면 되지."

"많이 안 샀어. 텐트류, 침구류, 키친 도구류 딱 세 종류만 샀다고. 아빠와 아들 사이를 완벽하게 해 줄 완전한 캠핑을 위해 이 정도는 기본이지."

"이게 다 얼만데?"

순간 가게의 불빛이 깜빡였어. 아빠도 눈을 껌뻑이더니 가게 앞의 이벤트 광고판을 가리켰지.

캠핑 수수께끼 이벤트

ABCDE에 맞는 숫자를 알아맞혀라!
단, ABCDE는 모두 홀수.
텐트류, 침구류, 키친 도구류, D 종류의 물건을
각각 정가 EACAD원에 팝니다.
D 종류를 모두 사면, 전체 가격은
AEEADB입니다.

"얼마 안 해. 이벤트로 아주 싸게 산 거야."

엄마는 이벤트 광고판을 잡아먹을 듯 노려보았지.

"이걸 당신이 맞혔어? 당신 천재야?"

아빠는 멍하니 엄마를 쳐다보다가 고개를 절레절레 흔들었어. 엄마의 두 눈에서는 불꽃이 튀어 올랐어. 바로 그 순간 아빠는 나를 엄마 앞으로 밀었어. 애교로 엄마를 녹여 보라는 뜻이냐고? 천만에! 내가 천재거든.

내 이름은 천재. 성이 '안'이라는 게 좀 문제지.
안천재라는 이름답게 나는 '진짜' 천재는 아니거든. 하지만 어느 순간부터 수학에 흥미를 갖게 되어 이제 '반' 천재라고

불릴 정도는 되었어. 이 정도는 문제없다고. 없겠지? 없을 거야. 핫하하!

나는 광고판을 두드리며 잘난 척을 했지.

"ABCDE 중 D는 벌써 나왔어요. 텐트류, 침구류, 키친 도구류 세 종류의 물건을 샀으니 D는 3이에요. 이 수수께끼는 식만 잘 세우면 금방 맞힐 수 있어요.

$$\begin{array}{r} \text{E A C A 3 (물건의 가격)} \\ \times \text{3 (물건의 종류)} \\ \hline \text{A E E A 3 B (전체 가격)} \end{array}$$

이제 엄마, 아빠도 답을 알겠죠?"

우리 엄마, 아빠는 여전히 멍한 표정이었어.

"여보, 얘가 뭐라는 거예요?"

"글쎄. 잘 안 들려서······. 귀지를 좀 파야겠군."

아빠는 귀를 후비며 딴청을 부렸어.

나는 한숨을 푹 내쉬고는 복잡한 계산을 하기 시작했어. 옛날 같으면 꿈도 못 꿀 일이야. 하지만 나는 어느 순간부터 수학이 좋아져서 점점 **수학 천재**가 되어 가고 있어.

어쩌다 수학이 좋아졌냐고? 몰라. 수학 때문에 내 목숨을 구한 적이 있는 것 같은 괴상한 기분도 들고……. 어쩌면 나는 원래 수학 천재였는지도 모르지. 그 사실을 너무 늦게 깨달은 걸지도 몰라. 으하하하!

캠핑 장비의 가격 알아맞히기

알파벳 문자는 홀수 숫자(1, 3, 5, 7, 9)라고 했어. 그런데 텐트류, 침구류, 키친 도구류 D종류의 물건이라고 했으니까 D는 3이야.
전체 가격을 알아내는 식을 세워 차근차근 계산해 볼까?

```
  E A C A 3  (물건의 가격)
×         3  (물건의 종류)
  ─────────
  A E E A 3 B  (전체 가격)
```

①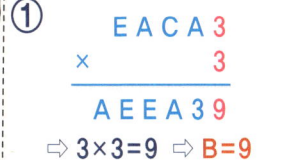
⇒ 3×3=9 ⇒ B=9

②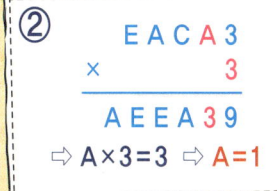
⇒ A×3=3 ⇒ A=1

③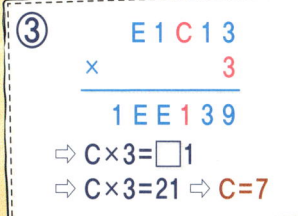
⇒ C×3=□1
⇒ C×3=21 ⇒ C=7

④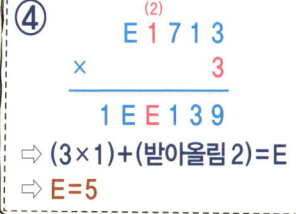
⇒ (3×1)+(받아올림 2)=E
⇒ E=5

그러므로 A=1, B=9, C=7, D=3, E=5. 천재 아빠가 산 캠핑 장비의 총 가격은 AEEADB, 즉 155,139(원)이야.

2

유령 산에서
으스스한 캠핑을!

우당탕탕, 멍멍 왈왈. 월요일 아침 일찍부터 집 안이 시끄러웠어. 평소에는 일찍 일어나는 법이 없는 아빠가 캠핑을 가겠다며 새벽부터 야단법석이었거든. 덩달아 흰둥이도 짖어 댔지.

"오늘 밤은 캠프파이어야. 삼겹살을 숯불에 지글지글 구워서 바비큐도 해 먹자. 우와, 벌써부터 군침이 도네."

"아빠, 학교는요? 학교 끝나고 친구들이랑 축구 하고,

영어 학원도 가야 해요. 나, 수학 성적은 많이 올랐지만 영어는 별로인 거 몰라요?"

캠핑 가기 싫다는 내 마음을 다시 한번 밝혔어. 아빠는 늘 그렇듯이 내 말은 귓등으로 흘리며 나를 질질 끌고 주차장으로 나갔지.

아빠는 산더미처럼 쌓인 캠핑 장비를 우리 차 트렁크에 쑤셔 넣었어. 문제는 거기서부터였지. 캠핑 장비는 너무 많고, 우리 차는 너무 작았거든. 작고 귀엽다고 아빠가 애지중지하는 우리 붕붕이는 트렁크도 정말 작았어.

"뭐야? 왜 안 들어가? 차가 너무 작은 거야? 안 되겠어. 당장 큰 차를 사야지."

엄마는 차를 사러 뛰쳐나가는 아빠를 가까스로 붙잡았어. "천재 아빠, 정신 좀 차려. 캠핑 장비가 안 들어간다고 차를 바꾸는 사람이 어딨어?"

"안 들어가는 걸 어떡해?"

아빠는 여전히 달리기 출발 자세였어. 엄마가 놓아 주기만 하면 그대로 사거리에 있는 자동차 영업소로 뛰어갈 거야.

"잘 좀 넣어 봐. 방법이 있을 거야."

"무슨 방법? 딱 봐도 트렁크보다 짐이 더 많잖아. 이건

불가능해. 차를 바꿔야 해, 당장."

"주문한다고 당장 차가 오는 것도 아니잖아. 게다가 자동차 영업소는 아직 문도 안 열었다고."

"그럼 어쩌나……."

아빠는 열려 있는 자동차의 트렁크와 쌓인 장비를 번갈아 보며 이마를 찌푸렸어.

"안 가면 되죠."

이때를 놓칠 새라 내가 재빨리 말했지. 하지만 엄마, 아빠는 또 내 말을 듣지 않았어. 캠핑 장비를 어떻게 트렁크에 넣을지만 생각했지.

"선택과 집중이 필요해. 꼭 필요한 것만 가져가고 몇 가지는 남겨 두자고."

엄마는 조리 테이블과 릴렉스 체어 하나, 해먹, 코펠 한 세트, 커피 메이커 등을 뺐어. 더치오븐도 빼려고 했는데 아빠가 절대로 안 된다며 매달리는 바람에 실패했지. 도대체 더치오븐이 뭐기에……. 오븐이면 빵 굽는 건데 설마 캠핑장에 가서 빵을 구워 먹으려고?

엄마는 우리가 꼭 가져가야 할 장비를 정육면체의 상자에 넣었어.

"이제 트렁크와 장비가 딱 맞아 떨어질 것 같아."

 "딱 맞긴 뭔가 맞아? 장비를 넣은 상자가 트렁크 위로 튀어나와 있는데."

 아빠는 입을 오리처럼 내밀고 투덜거렸지. 엄마는 흰둥이의 목줄을 풀며 말했어.

 "제대로 치수를 재 봐야겠어."

 흰둥이의 목줄은 줄자야. 개 목줄 하나도 실용적인 게 좋다며 엄마가 직접 만들었지.

 "좋아. 트렁크에 짐을 실을 수 있는 공간은 가로 120cm, 세로 60cm, 높이 30cm의 납작한 직육면체 모양이야. 그리고 우리가 캠핑 장비를 넣은 상자는 가로 60cm, 세로 60cm, 높이 60cm의 정육면체 모양이지. 그렇지?"

 "그런데요, 엄마. 트렁크랑 상자의 부피가 같긴 한데, 캠핑 장비를 트렁크의 모양에 맞게 다시 담아야 할 것 같아요. 지금은 상자 때문에

트렁크 문이 닫히지 않겠는데요?"

"아, 그렇구나! 트렁크와 캠핑 장비의 부피를 맞추는 것만 생각했네! 두 개의 부피가 같으니 트렁크 모양에 맞게 캠핑 장비를 나누어서 다시 담으면 들어갈 거야."

엄마의 말대로 더 이상 캠핑 장비를 뺄 필요 없이 트렁크의 모양에 맞추어 짐을 담으니, 붕붕이의 트렁크에 딱 들어갔어. 역시 우리 엄마의 말은 틀릴 때가 없어. 가끔은 그게 기분 나쁘다니까.

겨우 출발! 캠핑 장비를 싣느라 힘을 너무 뺐나 봐. 차에 타자마자 잠이 막 쏟아지는 거 있지.

얼마나 잤을까. 눈을 떠 보니 밖에는 짙은 안개가 끼어 있었어. 멀리 보이는 산은 마치 검은 긴 머리를 풀어 내린 처녀 귀신의 뒷모습 같았지. 으스스했다고!

"아빠, 아직 멀었어요?"

"다 온 것 같은데……."

"우리가 가는 캠핑장 이름이 뭐예요?"

"유령 산 캠핑장."

"뭐, 유령이요?"

깜짝 놀라 물었어. 가뜩이나 으스스한 길을 지나고 있는데, 유령이라고?

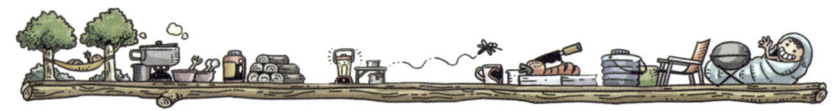

"아니, 유명산. 진달래로 유명해서 유명산이래."

"진달래요? 지금은 가을인데……."

"뭐, 단풍도 있겠지. 허허허!"

그렇겠죠. 산이니까요.

나는 내비게이션을 쳐다보았어. 내비게이션 지도에는 우리 차가 없었어. '경로를 이탈했습니다.'라는 내비게이션의 안내 말도 없이 우리는 길을 벗어난 거야. 우리 차는 안개 속을 헤맸어.

"아빠, 우리 도착할 순 있는 거예요? 아무 데나 가까운 데로 가요."

바로 그때 눈앞에 **캠핑장 입구**가 보였어. 기다란 나무 기둥에 붉은 글씨로 유명산이라고 적혀 있었지. 사실 글자의 색이 너무 바래서 유명인지 유령인지 알아볼 수는 없었어. 우리 차는 바닥에 깔린 자갈을 자글자글 밟으며 들어갔어.

"사람이 별로 없네."

별로가 아니라 단 한 명도 없었어.

아빠는 큰 나무 옆에 있는 직사각형 사이트 쪽에 차를 세웠어. 캠핑장은 뒤쪽으로는 으스스한 산이, 앞쪽으로는 넓은 황무지가, 그 뒤로 검푸른 저수지가 펼쳐진 휑한

곳이었어. 사람은 한 명도 없고 가을바람만 스산하게 불어 댔지.

"자, 시작해 볼까? 먼저 텐트."

아빠는 자동차 트렁크에서 짐을 꺼냈어. 그런데 맨 먼저 필요한 텐트가 상자 밑에 들어 있는 거 아니겠어? 꺼낼 일은 생각하지 않고 트렁크의 부피에 맞게 짐을 마구 쑤셔 넣은 게 실수였어. 아빠는 맨 밑에 깔린 텐트를 억지로 끄집어냈어. 그 바람에 차곡차곡 위에 쌓은 짐들이 우르르 떨어졌어.

"좀 도와 드릴까요?"

갑자기 아빠 뒤쪽으로 커다란 그림자가 드리워졌어.

"엄마야!"

얼른 아빠 뒤에 숨었어. 하지만 아빠는 나를 지켜 주기는커녕 정신을 잃고 쓰러져 버렸어.

차 트렁크에 캠핑 장비를 넣는 방법은?

납작한 직육면체 모양의 트렁크와 캠핑 장비가 담긴 정육면체 상자의 부피가 같으면 트렁크에 캠핑 장비를 넣는 게 가능해. 부피는 입체도형이 차지하는 공간의 크기를 말하며, (가로×세로×높이)로 구할 수 있어. 천재 엄마는 트렁크의 부피와 같은 부피의 상자에 캠핑 장비를 넣었어. 단, 부피는 같지만 트렁크 공간의 모양을 생각해서 장비를 두 상자에 나누어 담았지. 그래서 60cm×60cm×30cm의 상자 2개에 캠핑 장비를 넣은 거야.

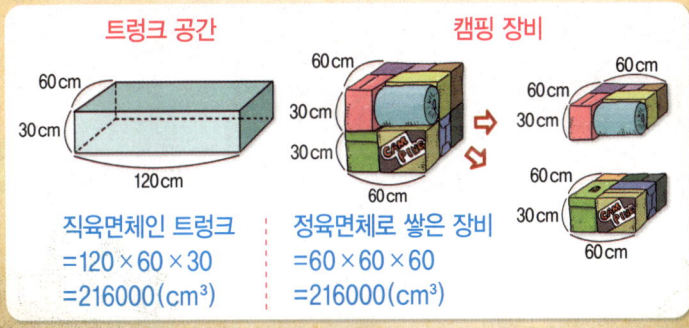

직육면체인 트렁크
=120×60×30
=216000(cm³)

정육면체로 쌓은 장비
=60×60×60
=216000(cm³)

이렇게 트렁크와 장비의 부피가 같다면, 모양을 같게 해서 넣을 수 있어.

직사각형 텐트 vs 정육각형 텐트

으으, 저 아저씨가 도대체 무슨 짓을 한 거야. 정신을 반쯤 잃은 것 같아! 나는 정신이 몽롱한 상태에서 쓰러진 아빠의 몸에서 일어나는 여자애를 보았어. 여자애는 우리 아빠의 몸 위를 스르르 지나 그 아저씨를 껴안았어. 몸이 반투명이라 아이의 흰 티셔츠 뒤로 아저씨의 모습이 뿌옇게 비쳤지. 아저씨는 여자애가 껴안는 걸 못 느끼는지 쓰러져 있는 우리 아빠를 흔들기만 했어.

뼛속까지 스멀스멀 스미는 **차가운 공포**가 느껴졌어. 이 악몽에서 얼른 깨어나고 싶어서 고개를 세차게 흔들었지. 여자애가 나를 쳐다보았어. 동화 속 삐삐처럼 들창코에

빨간 머리. 그런데 반짝이는 검은색 눈동자, 꼭 어디서 본 것 같은데…….

"빨간 머리, 넌 누구야?"

여자애가 사라지고 아빠가 깨어났어.

"여긴 어디야? 나는 누구지?"

"여긴 유령 산 캠핑장입니다. 전 캠핑지기고요. 몸이 어디 불편하신가요?"

"캠핑장? 내가 왜 캠핑을 왔대요? 난 텐트에서 자고, 텔레비전도 못 보고 그런 거 딱 싫어하는데."

"아빠가 캠핑 가자고, 가자고 해서 억지로 따라왔잖아요. 하필이면 유령 산 캠핑장에 와 놓고선 모른 척이에요? 지금 장난하는 거죠?"

안심도 되고, 어이도 없어서 아빠한테 막 따졌어.

"장난? 아닌데."

아빠는 유령의 은신처 같은 산과 귀신의 놀이터 같은 저수지를 둘러보았어. 아빠의 표정이 일그러졌어.

"천재야……."

<u>아빠의 눈에 눈물이 주르르 흘렀어.</u> 아빠도 여기가 싫은가 봐. 이제 돌아갈 수 있겠어.

"천재야, 내가 드디어 용기를 낸 모양이구나! 회사 빼먹고 놀러가는 게 소원이었는데, 오늘에야 비로소 그 소원을 이루었어! 이런 역사적인 결심을 기억 못하다니, 억울해!"

아빠의 눈물은 기쁨의 눈물이었던 거야. 아빠는 캠핑지기 아저씨를 보며 막 호들갑을 떨었어.

"캠핑지기님, 잘 부탁드립니다. 제가 **캠핑 초보**거든요. 허허허. 그래도 왕초보는 아니에요. 어릴 적에 아버지랑 몇 번 다녔거든요."

아빠는 싱글벙글거리며 캠핑 가게에서 충동구매한 텐트를 꺼냈어. 안에 거실도 있고, 방도 따로 있고, 겨울에도 쓸 수 있는 엄청난 텐트를 말이야.

"초보자가 치기 어려운 텐트네요. 좀 도와 드릴까요?"

캠핑지기 아저씨가 무뚝뚝한 말투로 물었어.

"오! 아니에요. 혼자 할 수 있어요. 있을 거예요, 아마. 그러니까 샀겠죠? 천재야, 너도 좀 쉬어라. 어? 여기 의자도 있네. 앉아서 쉬어."

아빠는 직접 골랐던 의자를 마치 처음 본 사람처럼 놀라워하며 꺼내 주었어.

아빠가 텐트와 씨름하는 모습을 쳐다보다가 문득 빨간 머리 여자애 생각이 떠올랐어. 나는 캠핑지기 아저씨에게 조심스럽게 물었어.

"여기, 누가 또 있나요?"

"아무도 없다."

"여자애를 여기서 본 것 같은데……."

"여기가 유령산이라 그런지 오는 사람마다 유령 이야기를 한다. 하지만 이곳에서 1년 동안 일하면서

유령은 못 봤다. 걱정 마라."

캠핑지기 아저씨는 무표정한 얼굴로 말하고는 뚜벅뚜벅 걸어갔어. 싸늘한 뒷모습은 마치 유령 같았지. 유령을 떠올리는 순간, 휘웅 찬바람이 불었어.

"우리 아빠는 유령 아니야."

바람 속에서 신경질적인 여자애의 목소리가 들리는 것 같았어. 으, 소름 끼쳐. 나는 텐트를 조몰락거리는 아빠에게 다가가 텐트를 붙잡았어.

"아이고, 폴대가 부러졌네. 이걸 어쩐담?"

텐트의 뼈대가 되는 폴대가 부러졌어. 내가 부러뜨린 걸까?

"아빠, 폴대는 이렇게 많으니까 하나쯤 부러져도 텐트 칠 수 있죠?"

"말도 안 되는 소리! 우리 몸에 뼈가 200개나 되지만 그중 하나만 부러져 봐라. 얼마나 아프냐?"

아빠는 앞뒤가 안 맞는 말을 뱉어 놓고 캠핑지기 아저씨가 있는 관리동으로 달려갔어. 캠핑지기 아저씨는 우리를 전망대 근처의 텐트로 데려갔어. 미리 텐트를 쳐 놓고, 코펠, 테이블, 화로까지 다 빌려주는 글램핑장이었어. 우리 같은 초보 캠퍼(캠핑객)에게 딱 맞는 곳이었지.

"와! 이렇게 좋은 곳이 있었어요? 무거운 텐트를 괜히 싣고 왔네. 허허허! 가장 넓은 텐트가 어느 텐트냐? 이왕이면 제일 넓은 텐트에서 놀아야지."

아빠는 캠핑장 바닥에 그려진 네모 모양의 칸을 보며 가장 넓은 텐트를 고르는 것 같았어. 아빠가 텐트를 고르는 동안 나는 스마트폰을 켰지. 이 끔찍한 사정을 친구들에게 널리 알리려고.

어휴, 그런데 이게 뭐야! 스마트폰이 불통이잖아. 빨간 머리 마녀는 도대체 뭐야? 무제한으로 쓰게 해

텐트를 위에서 본 모습

주겠다며? 역시 난 개꿈을 꾸었나 봐. 아빠 걱정은 하지 않아도 되겠어. 아니, 해야겠어. 우리 아빠는 어느 텐트로 들어간 거야?

어떤 모양의 텐트가 가장 넓을까?

가장 넓은 텐트가 어떤 텐트인지 정확히 알아내려면, 각 텐트의 넓이를 구해 보는 게 좋아. 눈금 하나의 길이를 1m라고 가정해 계산해 보자.

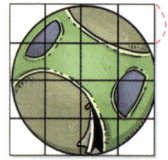

원의 넓이는 (반지름)×(반지름)×3.14야.
눈금 하나의 길이가 1m이므로,
$2 \times 2 \times 3.14 = 12.56 (m^2)$

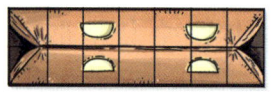

직사각형의 넓이는
(가로)×(세로)이므로, $7 \times 2 = 14 (m^2)$

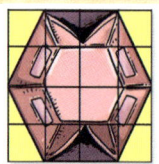

정육각형의 넓이는 전체 사각형에서 직각삼각형 4개의 넓이를 빼면 되지.
$(4 \times 4) - (1 \times 2 \times \frac{1}{2}) \times 4 = 16 - 4 = 12 (m^2)$

가장 넓은 텐트는 넓이가 $14 m^2$인 직사각형 텐트야.

캠핑 텐트 Vs 유목민의 이동식 집

둥근 텐트, 네모난 텐트, 뾰족한 텐트……. 캠핑장의 텐트 모양이 가지각색인 이유는 여러 유목민의 이동식 집을 본떠 만들었기 때문이다. 지붕이 반구 모양으로 둥근 돔형 텐트는 몽골 유목민의 이동식 집 게르를 닮았다. 게르는 초원의 강한 바람을 거뜬히 견디는 텐트이다. 게르를 본떠 만든 돔형 텐트도 바람에 아주 강하다. 원뿔형 텐트는 북아메리카 인디언의 티피를 본떴다. 티피는 천정이 높아 공기 순환이 잘돼 난방을 효율적으로 사용할 수 있고, 바람이 뾰족한 경사로를 타고 지나가기 때문에 바람에도 잘 버틸 수 있다. 가옥형 텐트는 사하라 사막 유목민인 베두인의 이동식 천막을 닮았다. 베두인의 텐트는 뜨거운 태양열을 막아 내기에 훌륭하지만 비가 쏟아지면 지붕이 무너질 수 있다. 캠핑장에서 직육면체 모양의 가옥형 텐트를 쓰는 사람은 날씨에 신경 쓰는 것이 좋다.

낚싯줄에 끌려 나온 수학 탐정 유령

"아유, 피곤하고 배고파라. 캠핑의 꽃은 밥인데 시시하게 라면을 먹을 순 없고, 고기는 저녁에 캠프파이어 하며 구워야 하고. 점심은 뭘 먹냐? 천재야, 뭐 먹고 싶은 거 있어?"

아빠가 먹을 것이 담긴 가방을 뒤지며 물었어.

"피자요."

난 간단하게 대답해 줬지.

"뭐, 매운탕? 그렇지. 아빠가 저수지에서 팔뚝만 한 붕어를 잡아 매운탕을 끓여 주마. 얼큰한 국물에 수제비를 넣어 먹으면. 크하! 맛있겠다."

　아빠는 낚싯대를 메고 저수지로 걸어갔어.
　"이래 봬도 말이야, 내가 왕년에 낚시 천재였어. 허벅지 길이의 잉어, 팔뚝 길이의 붕어, 내 허리둘레만 한 가물치, 배 둘레만한 메기까지. 알지, 알지? 그중 가장 큰 물고기가 뭐였게? 참고로 말하자면, 내 머리 둘레는 31in(인치), 팔뚝 길이는 36cm(센티미터), 허벅지 길이는 420mm(밀리미터), 종아리 길이는 42cm, 허리둘레는 34in, 헤헤헤! 배 둘레는 98cm, 발 길이는 275mm야."
　아빠는 썩 자랑스럽지 않는 자신의 신체 사이즈를 만천하에 공개하며 물었어.
　"대답하고 싶지 않아요."
　하지만 머릿속에서 나도 모르게 답을 찾고 말았지.
　"어때? 아빠님께선 낚시 천재가 분명하지? 낚시 천재가 말하기를 지렁이부터 잡자."

"지렁이요? 물고기 말고 지렁이로 탕을 끓이려고요?"

토, 토 무슨 탕 있잖아. 지렁이 탕. 으웩~!

"토룡탕도 좋지. 하지만 지렁이는 미끼로 쓸 거야."

휴, 다행이다. 그래도 지렁이를 잡진 않을 테야. 지렁이 살갗은 축축하고 물렁해서 너무 징그러워. 아빠는 돌을 몇

개 뒤집고 나뭇가지로 땅을 파서 지렁이를 잡았어. 세상에! 그 지렁이를 둘로 토막을 내서 내 낚싯대에 하나, 아빠 낚싯대에 하나 끼우는 거 있지? 이거 동물 학대 아니야?

"잉어, 잉어, 잉어, 잉어."

아빠는 주문을 외며 잉어를 기다렸어. 아빠 낚싯대의 찌가 살짝 움직였어.

"봐라, 잡았다!"

아빠는 낚싯대를 힘껏 잡아 올렸어. 아무것도 없었어. 미끼로 끼웠던 지렁이도 없었지. 미끼만 먹고 달아난 거야.

"여기에 천재 물고기가 사는 모양이야. 좋아. 도전 정신이 타오르는군."

아빠는 또 지렁이를 토막 내서 낚싯바늘에 끼웠어. 지렁이는 머리 쪽인지 꼬리 쪽인지 알 수 없지만 마구 꿈틀거렸어. 붕어인지 잉어인지 모를 똑똑한 물고기들은 아빠의 미끼를 따 먹고, 또 따 먹고, 또 뽑아 먹었어. 아빠는 지렁이 아홉 마리를 토막 내서 그중 한 조각을 내게 주고, 나머지는 모두 미끼로 던졌지만 물고기는 한 마리도 잡지 못했어. 똑똑한 물고기들의 배만 불린 거야.

"에잇, 천재 물고기가 최소한 열여덟 마리나 있는 이런 저수지에서는 낚시 못 해! 같은 천재끼린 통할지도

모르니까 물고기는 네가 잡아라."

아빠는 낚싯대를 들고 휘이휘이 흔들며 텐트로 돌아갔어. 이렇게 황당할 수가! '천재 물고기 열여덟 마리'는 도대체 어떤 계산에서 나왔을까? 아빠는 지렁이 아홉 마리를 둘로 나눈 다음 하나를 내게 줬으니, 미끼를 열일곱 번 뺏긴 거잖아. 물속에서 천재 물고기 한 마리가 열일곱 번 미끼를 뺏어 먹었는지, 열일곱 마리가 한 번씩 먹었는지는 알 수 없어. 아무튼 천재 물고기는 절대로 열여덟 마리가 아니라고!

바로 그 순간, 내 찌가 물속 깊이 들어갔어. 이번에도 천재 물고기인가? 찌가 깊이 들어가는 걸 보면 그냥 뚱뚱한 물고기?

"어, 어, 어."

온 힘을 다해 낚싯대를 들어 올렸어. 얼마나 큰 녀석인지 낚싯대만 휘청거릴 뿐 끌어올려지지 않았어.

그렇다고 포기할 안천재 님이 아니시지. 너무 세게 잡아채면 물고기가 떨어질 수 있으니 낚싯대를 물가로 살살 끌어당겼어. 어느 정도 가까이 오자 힘을 살짝 뺐다가 다시 한 번 힘껏 잡아당겼지.

철퍼덕!

차갑고 미끌미끌한 것이 내 오른쪽 뺨을 철썩 때렸어. 놀라서 고개를 돌리자 뭉실뭉실한 물 풍선 같은 것이 내 왼쪽 뺨에 털썩 내려앉았지. 그 순간 나도 모르게 외쳤어.

"마방진!"

탐정 유령 마방진. '뛰어난 수학 실력으로 유령들이 저지르는 사건들을 모조리 해결하는 유령계의 명탐정 홈즈'라고 떠벌리지만, 사실은 유령 사건을 나한테 떠넘기고 게으름만 피우는 뚱뚱한 유령이야.

"천재 천재 안천재. 유령 기억이 떠올랐어? 내 손이 네 얼굴에 닿아서 그렇구나. 아잉, 다시는 사랑하는 천재를 유령 사건에 끌어들이지 않으려고 했는데. 나쁜 손. 때찌!"

마방진은 도톰한 제 손을 때리는 시늉을 했어.

"어휴, 왜 또 왔어요? 나 좀 그만 따라다녀요."

퉁명스럽게 말했어. 그런데 마음속 깊은 곳에서 솟구치는 뭉클한 느낌은 뭘까? 혹시 반가움? 탐정 유령은 함께 유령

사건을 해결하고 나면 나도 모르게 내 유령 기억을 싹 가져가곤 했어. 그래서 헤어질 때는 아쉬움을 못 느꼈는데, 그동안 우리가 친해진 걸까?

"날 만나러 여기까지 온 거예요?"
"아니야, 난 '하루'라는 여자애 유령을 찾으러 왔어. 널 만난 건 순전히 우연이야. 아니, 필연인가? 이왕 이렇게 된

거 잘됐다. 하루를 찾아 유령 세계로 데려갈 수 있게 나 좀 도와줘."

"내가 왜요? 유령이라면 지긋지긋해요. 유령들은 왜 자꾸 인간 세상에 나타나는 거예요? 인간 세상이 유령 세상보다 훨씬 좋대요? 하루라는 여자애는 여기가 뭐 좋다고 왔대요? 으스스한 유령 산에 엄마라도 산대요?"

유령 사건에 관심을 안 가지려고 했는데 나도 모르게 호기심이 막 생겼어. 마방진은 흐흐 유령 미소를 지으며 말했지.

"아니, 아빠가 산대. 난 하루 엄마의 의뢰를 받고 왔어. 하루를 잘 설득해 유령 세계로 보내는 것이 수학 천재 탐정 유령 마방진의 신성한 임무지. 도와줄 거지?"

"좋아요. 그 대신 탐정 유령님도 나를 도와줘요."

다시는 유령 사건에 끼어들지 않겠다고 결심했던 것 같은데 역시 미래는 알 수 없어.

"좋아. 뭘 도와줄까?"

"탐정 유령님이 우리 아빠한테 겁을 좀 줘서 이곳 유령 산 캠핑장을 떠나게 해 주세요. 뚱뚱한 진짜 유령에게 쫓긴다면 아빠도 캠핑이고 뭐고 집으로 갈 거예요. 도와줄 거죠?"

우리는 새끼손가락을 꼭 걸고 협정을 맺었어.

"그런데 하루를 어떻게 유인하죠?"
"하루는 캠핑지기 가까이로 올 거야. 우린 그 사람 곁을 맴돌며 기다리기만 하면 돼."

캠핑지기 곁을 맴돈다고? 혹시 내가 본 빨간 머리 여자애가 하루라는 유령인가?

"좋은 생각이 났어요. 일단 캠핑지기 아저씨를 우리 텐트로 초대할게요. 캠핑지기 아저씨를 유인하기 위한 미끼는 큰 걸로 쓰겠어요."

나는 풀밭에서 퍼덕거리는 커다란 메기를 가리켰어. 전체 길이가 우리 아빠의 배 둘레만큼 긴 메기를 보고 탐정 유령은 꿀꺽 군침을 삼키며 함박 미소를 지었어.

탐정 유령은 메기 매운탕을 정말 좋아한대. 부인인 계순 누나가 제일 잘하는 요리가 메기 매운탕이라나 뭐라나!

물고기의 크기 비교하기

천재 아빠가 말한 신체 사이즈의 단위가 제각각이라 단번에 크기를 비교하기가 쉽지 않지?
in, cm, mm는 길이를 나타내는 기호로, 각각 인치, 센티미터, 밀리미터라고 읽어. 1 in는 2.54 cm, 1 cm는 10 mm야.
모든 단위를 cm로 통일하면 크기를 쉽게 비교할 수 있어.

- 머리 둘레 : 31 in ⇨ 78.74 cm
- 팔뚝 길이 : 36 cm
- 허벅지 길이 : 420 mm ⇨ 42 cm
- 종아리 길이 : 42 cm
- 허리둘레 34 in ⇨ 86.36 cm
- 배 둘레 : 98 cm
- 발 길이 : 275 mm ⇨ 27.5 cm

천재 아빠의 신체 사이즈와 물고기의 크기를 비교해 보자.
허벅지 길이의 잉어는 42 cm, 팔뚝 길이의 붕어는 36 cm, 허리둘레만 한 가물치는 86.36 cm, 배 둘레만 한 메기는 98 cm. 메기가 가장 크다는 걸 알 수 있지.

캠핑지기 아저씨의 미스터리한 비밀

 커다란 메기를 메고 발걸음도 당당하게 우리 텐트로 걸어갔어. 아빠는 바닥에 쪼그리고 앉아 뭔가 하고 있었어. 그 모습이 꼭 곰처럼 둔해 보였지. 나는 뜰채에 담긴 커다란 메기를 아빠 눈앞에 턱 내밀었어.
 "아이고, 아부지야~."
 아빠는 풀썩 주저앉았어. 하지만 금세 껄껄 웃음을 터트렸지.
 "이걸 정말 네가 잡은 거야? 그 저수지에 천재 물고기만 있는 줄 알았더니 눈먼 메기도 있었네. 아무튼 잘했다. 이젠 매운탕을 먹을 수 있겠어. 불만, 이 불만 켤 수 있다면

말이야."

 아빠는 작은 가스 스토브에 불을 붙이지 못해 낑낑대고 있었던 거야. 탐정 유령은 아빠 주위를 어지럽게 날며 조잘댔어.

 "흠, 저거 불이 붙긴 붙는 거야? 그냥 장작에 불 붙이면 쉬울걸. 옛날에는 다 장작으로 불 피웠어."

 탐정 유령은 잔소리를 퍼부었어. 그 덕분에 아빠한테

 잔소리를 하고 싶은 마음이 싹 사라져서 나는 아빠가 가스 스토브에 불을 붙일 때까지 조용히 기다렸어.
 한참을 기다려도 아빠는 불을 붙이지 못했어.
 "아빠."
 "왜? 네가 해 볼래?"
 아빠가 반갑게 물었어.
 "아니요. 캠핑지기 아저씨를 초대해서 메기 매운탕을 같이 먹음 어때요? 아저씨가 불도 붙여 주겠죠."
 "오! 역시 우리 천재는 천재야."

아빠는 당장 달려가 캠핑지기 아저씨를 모셔 왔어. 아저씨는 스토브에 달린 동그란 것을 막 잡아당기더니 아주 쉽게 불을 붙였어. 아빠는 펄떡거리는 메기를 안고 진땀을 뻘뻘 흘렸어. 아빠가 메기를 손질할 수 있을까?

"어, 어, 어."

아빠는 갑자기 넘어지는 시늉을 하며 캠핑지기 아저씨 쪽으로 메기를 던졌어. 아저씨는 아무 말 없이 메기를 받아 들고 개수대로 갔어. 결국 메기 손질도 아저씨가 하려나 봐. 조금 있다 탐정 유령이 호들갑을 떨며 날아왔어.

"천재야, 하루 아빠, 그러니까 캠핑지기 말이야. 원래 직업이 뭐였대? 칼 다루는 솜씨가 엄청나. 한 번에 메기를 쓱싹. 혹시 **칼잡이** 아니었을까?"

바로 그 순간 캠핑지기 아저씨가 완벽하게 손질된 메기를 들고 나타났어.

"하루가 아빠를 닮았으면 어쩌지? 무서워! 역시 하루는 천재 네가 맡아야 할 것 같아. 넌 천재인 데다 용감하기까지 하잖아."

탐정 유령은 몸을 비비 꼬았어. 흥! 척하면 척이지. 내가 모를 줄 알고. 무서운 척하며 나를 치켜세워 주고, 나한테 일을 다 떠넘기려는 거지? 이젠 안 속아!

"마방진 유령 탐정님. 당신은 홈즈, 사건을 해결하는 명탐정이고요, 난 왓슨. 도와주는 역할이라고요."

"호옴즈~!"

칭찬에 약한 탐정 유령의 입꼬리가 위로 올라갔어. 내 콧구멍은 벌름거렸고. 매운탕이 끓자 매콤하고 구수한 냄새가 퍼졌거든.

"다 되었구나."

캠핑지기 아저씨는 우리에게 음식을 덜어 주었어. 아저씨가 텐트의 주인인 것 같았어. 아빠는 큰소리만 땅땅 쳤지 아무것도 한 게 없어. 하긴 캠핑에 대해서 아무것도 모르니까. 뭐, 기대도 안 했다고요!

"아, 맛있다. 천재야, 아빠가 찌개 정말 잘 끓였지? 평소에 잘 안 해서 그렇지 하면 끝내준다고. 캬, 시원하다."

메기 매운탕을 위해 아빠가 한 일은 고작 이거야.

양파 반 개 썰기, 고추장, 고춧가루 그릇 꺼내 주기
간 보기, 많이 먹기

아빠는 밥알을 튀기며 마구 떠들었어. 나는 캠핑지기 아저씨의 그릇에 밥풀이 튈까 봐 민망해서 고개를 들

수 없었지. 그래도 캠핑장에서 먹는 늦은 점심 식사는 정말 꿀맛이었어. 나는 조금 더 먹으려고 매운탕 냄비로 다가갔지. 그때 아까 본 여자애를 또 보았어. 매운탕이 든 코펠 앞에 딱 붙어 앉아 호호 불며 탕을 먹고 있었어. 아까 본 그 애……, 정말 하루가 맞나? 나는 작은 소리로 불렀어.
"하루야……."
여자애가 고개를 번쩍 들었어. 서늘한 검은 눈동자가

꿈속에서 본 마녀의 눈동자와 똑같았어. 꿈속의 마녀는 하루가 옷과 머리 모양을 바꾸고 나타난 것이었나 봐. 나는 재빨리 소리쳤어.

"탐정 유령, 그 애예요! 잡아요!"

탐정 유령은 재빨리 날아와 하루의 손목을 잡았어.

"하루야, 유령 세계로 돌아가자. 네 엄마가 기다려."

"싫어! 싫어! 여기서 아빠랑 살 테야. 놔줘."

하루는 탐정 유령의 손에서 벗어나려고 발버둥을 쳤어. 그러다 그만 테이블을 발로 찼고, 테이블 위에 놓인 매운탕 코펠이 엎어지고 말았지. 빨간 국물과 하얀 메기 살이 바닥에 쏟아졌어. 아유, 아까워라!

"너, 그만해!"

나는 벌떡 일어나 소리쳤어. 아빠와 아저씨가 놀라서 나를 쳐다보았어. 아빠에게 유령이 나타났다는 얘길 할 수는 없지.

"아, 제가 잠깐 딴생각을 하다가 테이블을 찼나 봐요. 어쩌죠? 매운탕이 엎어져서."

"조심 좀 하라니까. 천재 너는 조심성이 없어. 그러니까 만날 넘어져서 무릎이 깨지지. 그동안 다리 안 부러진 게 용하다니까."

잔소리는 엄마 아빠 둘 중 누구라도 꼭 해야 하는 건가? 엄마가 없으니 아빠가 엄마 몫까지 잔소리를 했어. 아빠와 나는 엎어진 매운탕을 치웠어. 그러는 동안 하루와 마방진은 옥신각신 다툼을 벌였어. 하루는 우리 텐트 주위를 펄럭펄럭 날아다니며 탐정 유령을 떼어 내려고 애썼고, 탐정 유령은 하루의 손목을 붙잡고 끝까지

매달렸지. 하루는 결국 우리 텐트의 폴대를 잡고 늘어졌어. 이러다 우리 텐트가 금방 무너질지 몰라.

"그만 좀 해. 저리 가서 하라고요."

아빠 모르게 하루와 탐정 유령에게 속삭였어. 하지만 둘은 싸움을 끝낼 생각이 없나 봐. 하루는 탐정 유령을 매단 채 빙글빙글 돌았어. **회오리바람**이라도 일으키려는 듯 빙글빙글 뱅글뱅글.

"그만. 아이고 어지러워라. 이런 재주는 어디서 배워 온 거야?"

탐정 유령은 결국 하루를 놓치고 말았어. 하루는 날아서 산으로 달아났어. 탐정 유령도 원심력 때문에 멀리 날아갔다가 해롱해롱 날아서 우리 테이블로 돌아왔어.

"아유, 힘들어!"

탐정 유령은 한숨을 쉬면서 우리 테이블에 무거운 몸을 기댔어. 그 바람에 테이블이 기우뚱 기울어져 올려놓은 그릇들이 주르륵 미끄러져 떨어졌어. 와장창 우당탕탕!

"유, 유령이다! 유령이야!"

아빠는 얼굴이 하얗게 질려 자동차로 달려갔어. 비싸게 산 캠핑 장비를 모두 팽개치고 오직 내 손만 붙들고 말이야.

"천재야, 어서 타. 당장 집에 가자. 무서워 죽겠어."

 흐흐, 드디어 내가 바라던 일이 일어났어. 재미없는 캠핑을 때려치우고 집으로 돌아가는 거지. 인터넷이 빵빵 터지는 도시로 말이야.
 "탐정 유령님, 의도한 건 아니겠지만 아빠를 겁줘서 고마워요. 더 못 도와줄 것 같아 미안해요. 아빠랑 집에 가야 해서……. 하루 일은 혼자서 잘 처리할 수 있죠? 믿어요, 홈즈."
 아직도 해롱거리는 탐정 유령에게 속삭이고는 냉큼 차에 올라탔어.
 그런데 차가 꼼짝도 하지 않는 거야.
 "어? 왜 이러지?"
 아빠는 자동차 시동 버튼을 몇 번이나 눌렀지만 자동차는 아무 반응도 없었어. 시동이 걸리지 않는 거야.
 "자동차가 고장 났나? 보험 회사에 전화해야겠어. 아니, 자동차 수리점? 아니야, 경찰서, 경찰서가 좋겠어."
 아빠는 휴대 전화를 꺼내 정신없이 버튼을 눌렀어. 하지만 어디에도 전화를 걸 수 없었어. 전화기가 먹통이었거든.
 "이게 뭐야? 유령의 장난이야?"
 아빠는 땀을 뻘뻘 흘리며 말했어. 정말로 탐정 유령이

 우릴 안 보내 주려고 장난을 치나? 나는 자동차 유리창 밖으로 몸을 쭉 내밀어 탐정 유령을 찾았어.
 "천재야, 이젠 어떡해? 우린 어떡하냐, 응? 무서워."
 아빠는 이제 눈에도 땀이 송골송골 맺혔어. 아니, 눈에 맺히는 건 눈물인가? 아빠는 어른이니까 무슨 일이 생겨도 혼자 잘 해결할 줄 알았는데, 겨우 이 정도의 유령 장난에 우는 거야? 내가 유령들과 함께 얼마나 끔찍한 모험을 했는지 알면 쓰러질 것 같아. 어휴, 작년까지만 해도 아빠가 슈퍼맨처럼 대단해 보였는데, 요즘 와서 왜 이렇게 작아 보이는지 모르겠어. 우리 아빠는 올해 마흔여섯 살. 너무 늙어서 그런가? 마흔여섯이면 곧 할아버지 되는 거 맞지? 탐정 유령에게 경로 우대 사상을 가지라고 말해야겠군!
 "탐정 유령, 우릴 보내 줘. 아빠가 겁먹었잖아."
 당연히 탐정 유령의 장난일 거라 생각하고 말했어. 하지만 우리 차 안으로 흐느적거리며 날아온 탐정 유령은 온몸을 절레절레 흔들었지.
 "나 아니야. 하루 짓이야. 하루가 유령 마녀에게 마법을 사왔대. 하루 용돈이 한 달에 5,300원이라는데 몇 달이나 모은 거야? 사람 홀리는 마법은 103,000원, 회오리 마법은 48,680원이나 하는데."

 탐정 유령이 짧은 손가락을 꼽으며 계산을 했어.
 "음, 꽤 오래 모았구나. 그나저나 천재야, 이제 알았지? 하루 문제를 해결하지 못하면 너도 못 돌아가. 하루가 널 이리로 불러들였을 거야. 유령 세계에는 '안천재'란 아이가 유령을 볼 수 있고, 유령 일을 잘 도와준다는 소문이 자자하거든. 하루도 아마 네 소문을 듣고, 제 아빠에게 자기 이야기를 해 달라고 널 불렀을 거야."

정말 그렇다면 아빠한테 미안해지는걸. 아빠 때문에 내가 유령 캠핑장에 온 게 아니라 나 때문에 아빠가 끔찍한 유령 캠핑장으로 끌려온 거니까.

"아빠, 그냥 텐트로 돌아가요. 차는 고장 났나 봐."

아빠는 운전석을 꼭 붙들고 어깨를 잔뜩 움츠린 채 앉아 있었어. **너무 무서워서 꽁꽁 얼어 버렸나 봐.** 마침 캠핑지기 아저씨가 나타났어. 아빠는 재빨리 달려 나가 아저씨의 굵은 팔뚝에 매달렸어.

"이봐요, 여기 유령이 있나 봐요. 멀쩡하던 차가 갑자기 고장 나고, 전화도 안 되고. 역시 유령 산이란 이름이 괜히 붙은 게 아닌가 봐요."

"유령 산에 송전탑이 들어선 뒤로 가끔 자동차나 전자 기기에 이상이 생겨요. 몇 시간 있으면 저절로 고쳐지기도 하니까 조금 기다려 보는 게 좋겠습니다. 그동안 낮잠이라도 좀 주무세요."

캠핑지기 아저씨는 아빠를 다독이고 해먹을 달아 주었어. 커다란 두 나무 사이에 흔들거리는 해먹은 보기만 해도 평화로웠지. 방금 전까지만 해도 겁에 질려 폴짝폴짝 뛰던 아빠의 얼굴에 금세 웃음꽃이 피었어.

"오! 해먹에서 낮잠 자는 게 내 로망이었죠."

아빠는 해먹에 벌렁 누워 낮잠을 잤어. 유령 타령을 언제 했냐는 듯 코를 드르렁 골면서 말이야. 정말 우리 아빠는 단순한 게 매력이야. 아이고!

하루는 얼마 동안 용돈을 모았을까?

하루가 마법을 사기 위해 용돈을 모은 기간은 모두 몇 년 몇 개월인지 알아보자.

1. 사람을 홀리는 마법 비용과 회오리 마법 비용을 더하면
   103000 + 48680 = 151680(원)
   두 마법을 사는 데 드는 비용은 총 151,680원이야.

2. 하루의 용돈은 한 달에 5,300원. 5,300원을 모아 151,680원짜리 마법을 사기 위해서는 얼마 동안 돈을 모으면 되는지 구하려면, 마법값을 한 달 용돈으로 나누면 돼.
   151680 ÷ 5300 = 28.61……(개월)
   28개월 동안 돈을 모으면 조금 모자라니까 28 + 1 = 29.
   29개월을 모아야 해.

3. 1년은 12개월이니까, 29개월이 몇 년 몇 개월인지 계산하려면 29개월을 12개월로 나누어 봐.
   29 ÷ 12 = 2(년) … 5(개월)
   29개월을 12개월로 나누면 2년 5개월이 나와.
   하루는 2년 5개월 동안 용돈을 모은 거야.

유령 산에 사는
수상한 나무 유령

 "천재야, 하루가 유령 산으로 올라갔어. 산속 깊숙이 숨기 전에 얼른 찾으러 가자."
 탐정 유령은 억지로 내 손을 잡아끌었어. 나도 아빠처럼 해먹에 누워 낮잠을 자고 싶었지만 탐정 유령이 가만두지 않을 거야. 먼저 하루 유령을 찾아 둘 다 유령 세계로 보낸 뒤 해먹을 즐기는 게 낫겠지?
 탐정 유령을 따라 유령 산으로 올라갔어. 산속은 멀리서 볼 때보다 더 으스스했어. 공기는 뿌연 안개가 낀 것 같고, 울창한 나무들이 하늘을 반쯤 가려 우중충했어. 땅에는 뾰족뾰족 가시덩굴들이 지뢰밭처럼 흩어져 있었지.

"아얏!"

굴러 나온 덩굴의 가시가 바지를 뚫고 종아리를 쿡 찔렀어. 깜짝 놀라는 바람에 옆에 있던 나뭇가지를 꽉 잡았지.

그런데 그만 나뭇가지가 뚝 끊어지고 말았어. 투명한 수액이 핏물처럼 불룩하게 고였어.

"내 손가락 내놔."

온 숲이 술렁거렸어.

'손가락, 손가락, 손가락……'

나뭇잎들이 수런수런 떠들었어. 낮게 읊조리듯 떠드는 소리가 소름 끼치게 가까워졌지. 무서워서 온몸이 굳어 버렸어.

"내 손가락 내놔."

"내 다리 내놔."

"내 팔 내놔."

"내 뿌리 내놔."

온 숲의 나무들이 날카로운 나뭇가지들을 내게 뻗어 왔어.

"저리 가. 저리 가."

겨우 정신을 차리고 요리조리 도망쳤어. 하지만

 나뭇가지들은 사방에서 뾰족뾰족 솟아나며 나를 조여 왔어. 그물처럼 촘촘하게 죄면서 들어오는데, 저희들끼리 엉키지도 않았지. 결국 뾰족한 나뭇가지가 내 이마를 살짝 긁었어. 피는 안 났지만 쓰리고 아팠어.
 "도와줘요, 마방진 탐정 유령어엉~."
 울음이 터져 나올 뻔했어. 너무 무서워서 오줌이 질금 나왔지.
 "천재야, 기다려. 내가 보호해 줄게."
 탐정 유령은 몸을 풍선처럼 뚱뚱하게 부풀려 날카로운 가지들을 막았어.

"이봐, 나무 유령들. 우리 천재를 내버려 둬. 이 아이는 이 유령 탐정님의 친구라고!"

"흥! 인간은 유령의 친구가 될 수 없어. 어서 그 아이를 내놔."

"내놔."

"내놔."

뾰족한 나뭇가지들이 부풀어 오른 유령 탐정의 배를 콕콕 찌르며 울부짖었어.

"그만해, 인정머리 없는 나무 유령들아, 너희 손톱이 너무 뾰족해서 배가 터질 것 같잖아. 우리 천재한테 도대체 왜 이래? 이유나 알자고."

탐정 유령의 호통에 나뭇가지들이 조금 물러났어. 나무들은 우우 바람 소리를 내며 말했어.

"인간 아이는 캠핑을 왔어. 캠핑 온 사람들은 나빠."

"맞아, 멀쩡한 나무를 꺾어 캠프파이어 장작으로 쓰고."

"어린 나무에 해먹을 마구 걸어 상처를 내고!"

"나뭇가지를 꺾어 칼싸움 놀이를 하고!"

나무들은 원망을 늘어놓았어. 높고 가늘고 소름 끼치는 목소리로! 하지만 난 그중 아무것도 안 했어. 나는 떨리는 목소리로 말했어.

"난 캠핑 처음 왔어요. 나무한테 아무 짓도 안 했어요."

"넌 한 번도 나무를 괴롭힌 적이 없다고? 단 한 번도?"

물론 있기는 있었어. 어릴 때 나뭇가지를 꺾거나 꽃을 꺾은 적이 있었거든. 그건 정말 어릴 때 얘기야. 좀 크고 나서는 나무에 관심을 가져 본 적이 없어서 괴롭히지도 않았다고.

"나무를 사랑하지 않는 것도 잘못이야."

나무 유령들은 내 생각을 다 읽고 있었어. 무조건 날 혼내려고 작정을 한 것 같아. 일단 잘못한 부분은 사과하겠어. 하지만 잘못하지 않은 일로 혼나지는 않을 테야.

"나무 유령님들, 어릴 때 괴롭혀서 죄송해요. 나무의 도움을 많이 받는 인간으로서 감사하고 사랑하지 않은 것도 죄송해요. 앞으론 안 그럴게요. 하지만 캠핑하면서 나무를 괴롭힌 적은 없으니까 날 놓아줘요. 이건 불공평해요."

나무 유령들이 조금 물러섰어.

"좋아, 인간 아이. 미안하면 **선물**을 줘."

"선물을 받고 날 놔주겠다고요? 유치하고 비겁해!"

"앞으로 나무를 사랑하겠다는 뜻으로 선물 좀 주면 어때서?"

 나는 가진 게 별로 없었어. 주머니에 손을 넣어 보니 공작새 모양의 부채가 들어 있었어.
 "이건 어때요? <mark>공작새 꼬리</mark>를 부채로 만들어서 펼칠 수도 있고, 접을 수도 있어요."
 나무 유령들이 몰려들었어.
 "나 줘. 꽁지깃을 화려하게 둔각(직각보다 크고 180°보다 작은 각)으로 펼쳐 줘. 예전에 우리 산에도 꽁지깃이 화려한 공작이 있었지."

"내가 가질래. 난 꽁지깃을 예각(직각보다 작은 각)으로 펼쳐 줘. 얌전하게."

"꽁지깃을 완전히 접을 수도 있어? 해 봐, 응?"

유령들이 주문을 할 때마다 어림잡아 꼬리를 접었다 폈다 각도를 만들어 보여 줬어. 누구에게 공작새 부채를 줘야 하나 눈치를 보면서 말이야.

"나, 나, 나! 날 줘."

푸드덕거리며 새 한 마리가 무겁게 날아왔어. 동그랗고 작은 머리와 작은 눈, 조금 무거워 보이는 몸매, 튼튼한 다리. 겉보기에는 공작, 아니 공작새 유령 같았어. 그런데 꽁지깃이 하나도 없어서 무척 볼품없었어.

"난 나쁜 사람들에게 잡혀

꽁지깃을 다 뽑힌 채 유령이 됐어. 예쁜 꽁지깃이 생기면 유령 산에서 그만 떠돌고 유령 세계로 올라가고 싶어."

나무 유령들이 스르르 뒤로 물러났어. 공작새 부채를 공작새 유령에게 줘도 된다는 뜻인가?

"여자애다! 우리를 괴롭힌 여자애가 나타났다!"

멀리서 외치는 소리가 들렸어. 나뭇가지들은 스산한 바람 소리를 내며 그쪽으로 뻗어 나갔어. 곧 여자애의 비명 소리가 들렸어. 하루 같았어.

"너 캠핑 올 때마다 나뭇가지를 꺾어 깃발을 만들었지?"

"단풍잎을 딴다며 가지를 몽땅 꺾어 갔어."

"가만두지 않을 테다."

하루는 꺅, 꺅 소리를 지르며 나뭇가지 사이를 요리조리 빠져나갔어. 유령 산 지리를 잘 알아서인지, 유령이라 빨라서인지 몰라도 **나무 유령**에게 잡히지 않고 캠핑장으로 내려갔지.

"이건 내가 나무 유령에게 주려던 선물인데, 나무 유령은 공작새 유령에게 주고 싶은가 봐요."

나는 공작새 유령의 꽁지에 부채를 꽂아 주었어. 공작새 유령은 활짝 웃었어.

"고마워. 지금이 4시니까 4시 각도로 펼쳐 주겠니? 나는

매 시간마다 큰바늘과 작은바늘이 이루는 각도와 내 꽁지깃 각도를 맞춰 시간을 알려 주었거든."

나는 시계를 보며 정확하게 4시 각도로 맞춰 주었어. 공작새는 둥실 하늘로 떠올라 유령 세계로 올라갔어.

시계 4시의 각도 구하기

각의 크기를 '각도'라고 하고, 각은 각도기로 잴 수 있어. 90°는 직각, 90°보다 작은 각은 예각, 90°보다 큰 각은 둔각이라고 해. 부채를 예각으로 펼치면 날카롭고 뾰족한 모양이고 둔각으로 펼치면 뭉툭하고 둔한 모양이 되지. 시계의 '4시와 같은 각도'는 시계 바늘이 4시를 가리킬 때의 각도로, 120°야. 각도기를 재서 알 수 있지만, 각도기가 없어도 계산으로 알 수 있어. 시계의 작은 바늘은 12시간 동안 360°로 한 바퀴를 회전하므로 360÷12=30(°) 즉, 1시간 동안 작은 바늘은 30°만큼 이동해. 따라서 4시를 나타내는 큰 바늘과 작은 바늘의 각도는 30×4=120(°), 120°라는 걸 알 수 있어.

120° 둔각 모양의 부채와 4시를 가리키는 시계

캠핑장을 습격하는 동물들

달콤한 콜라와 주스를 좋아하는 친구들은 캠핑장에서 특별히 주의하라! 입가에 음료수를 묻히고 다녔다가는 달콤한 음료수를 무척 좋아하는 무시무시한 장수말벌이나 꿀벌과 아찔한 뽀뽀를 하게 될지도 모른다. 또 음료수 캔 뚜껑을 열어 둔 채 밖에 놓았다가 다시 마시는 일은 절대 금지! 달콤한 냄새에 이끌려 음료수 캔으로 들어간 꿀벌을 삼킬 수도 있다.

텐트 주위나 텐트 안에 음식을 놓아 두어도 안 된다. 들고양이가 눈을 반짝이며 슬금슬금 텐트로 접근할 것이다. 맨발에 샌들만 신은 채 습기 많은 곳을 돌아다니는 것도 좋지 않다. 습기 많고 음침한 곳을 좋아하는 뱀이 있을 수 있기 때문이다. 이처럼 캠핑장을 습격하려는 동물들이 많으므로 조심 또 조심해야 한다.

20층 높이의
나무 장작 계산법

 유령 산에서 내려와 다시 본 캠핑장은 아까와 전혀 다른 모습이었어. 하늘엔 노을이 막 깔리기 시작했고, 캠핑장은 사람들로 가득 차 있었지. 여러 가지 색깔과 모양의 텐트가 쫙 펼쳐져 있었고, 구수한 고기 굽는 냄새와 뿌연 연기들, 떠들썩한 웃음소리와 노랫소리, 뛰어다니는 아이들로 말이야. 하지만 사실은 사람이 아니라 유령들이었어. 유령 산 캠핑장은 이름 그대로 유령들의 놀이터였어. 참, 아빠! 아빠가 유령들 사이에서 벌벌 떨고 있으면 어쩌지?
 다행인지, 불행인지 우리 아빠는 여전히 해먹에 누워 자고 있었어. 유치원생쯤 되어 보이는 유령 둘이 소리를

꽥꽥 지르며 지나갔지만 깨지 않았어.

"이 캠핑장 정말 좋지? 딱 내 스타일이야. 같이 나무 쌓기 놀이 할래? 캠핑장에 오면 원래 장작 가지고 이런 놀이 하는 거야. 유령 세계에 닿게 높이 쌓으면 내가 유령 세계로 올라가는 거, 생각해 볼게."

하루가 캠핑장 구석에 쌓인 **나무 장작**을 가리키며 우리를 불렀어. 탐정 유령은 바람처럼 날아가 나무 장작을 붙잡았지.

"어떻게 쌓을 거야? 그냥 막 높이 올리면 돼?"

"아니. 규칙에 맞춰 쌓아야지."

하루는 자리에 주저앉아 나무 장작을 쌓기 시작했어.

"이런 식으로 쌓아 20층까지 올리면 유령 세계에 닿을까?"

탐정 유령도 하루 옆에 주저앉아 거들었어. 둘은 번갈아 나무 장작을 쌓았어. 하루는 사람이었을 적에 아빠랑 자주 해 봐서 그런지

아주 잘 쌓았고, 수학 전문인 탐정 유령도 엄청 잘 쌓았지. 문제는 나무 장작이었어. 7층까지 쌓았는데 남아 있는 게 몇 개 없었지. 내가 세어 보니 9층까지밖에 쌓을 수 없겠어.

"아쉽다. 20층까지 쌓으면 진짜 유령 세계로 가려고 했는데 나무 장작이 부족하네. 어쩔 수 없이 난 여기서 아빠랑 살아야지."

하루는 하나도 아쉽지 않은 표정으로 말했어.

"나무 장작이 더 있을 거야. 기다려. 내가 꼭 찾아올게. 꼼짝 말고 기다리라고."

순진한 탐정 유령은 눈을 시뻘겋게 뜨고 나무 장작을 찾으러 다녔어. 나는 불쌍한 탐정 유령 대신 하루를 설득했어.

"너희 아빤 사람이야. 하루 네가 아무리 아빠 곁을 맴돌아도 널 알아보지도 못해."

"천재 너야말로 뭘 모르는구나! 사랑하는 사람은 눈에 보이지 않아도 결국 알아볼 수 있어. 눈에 보이지 않아도 함께 살 수 있다고. 네가 우리 아빠한테 내 존재를 알려 주기만 하면 돼."

쳇, 안 보여도 알아볼 수 있다며. 직접 알아보게 만들지 왜 나를 시킨담? 속으로 막 투덜거렸어.

"하루, 하루, 하루야. 방금 네 엄마한테 또 연락이 왔어. 널 빨리 데려오래. 널 위해 캠핑장도 열었대. 유령 세계에 올라가도 날마다 캠핑을 할 수 있어. 그리고 유령이 인간 세상에서 오래 떠돌면 결국 아무 세계에도 속하지 못하는 거 알지? 너, 사람도 유령도 아닌 떠돌이 혼령이 되고 싶진 않지? 아빠도 봤으니까 이제 돌아오래. 너희 엄마가 날마다 눈물 흘리며 널 기다리고 있대."

"싫어요!"

고막이 터지는 줄 알았어. 하루가 유령 산이 흔들릴 정도로 소리를 질렀거든.

"엄마는 뭐든지 자기 마음대로만 하려고 해. 날 괴롭히기만 한다고요. 내가 유령 세계에서 얼마나 지겨웠는지 알아요?"

하루는 탐정

유령의 귀에 꽂힌 연필을 가져가 허공에 자신과 엄마의 그림을 그렸어. 그림은 살아 움직이며 하루와 엄마의 다툼을 보여 주었지.

"하루야, 그렇게 까불면 사람들이 싫어해. 엄마가 널 잘못 키운 줄 알잖아. 엄마가 유령 학교 운영 위원인 거 알지? 네가 잘해야 엄마가 학교에서 안 창피하지."

"하루야, 머리 그렇게 묶으려고? 너무 촌스럽다. 사람들이 엄마를 어떻게 생각하겠니!"

"베이컨은 안 돼. 트랜스 지방이 너무 많아. 엄마는 다이어트를 하려고 이렇게 애쓰는데 네가 뚱뚱해지면 사람들이 엄마한테 뭐라 하겠니? 엄마는 몸매 관리하고 딸은 아무렇게나 키운다고 할 것 아니니!"

종류는 다르지만 하루 엄마도 잔소리가 엄청났어. 갑자기 하루를 이해할 수 있을 것 같았어.

"다 널 사랑하니까 잘되라고 하는 말이네."

어른인 탐정 유령은 역시 고리타분해.

"아니야, 엄마는 주위 사람들이 엄마를 어떻게 생각하는지만 신경 써. 날 생각한다면 내가 뭘 원하는지

생각해 줘야지. 상관없어. 난 여기서 아빠랑 살 테니까."

하루는 나보다 상황이 좀 나은 것 같아. 엄마, 아빠 가운데 고를 사람이 하나라도 있으니까. 나는……!

그런데 하루는 어떻게 살고 싶은 걸까? 나는 내가 무엇을 원하는지, 어떻게 살고 싶은지 잘 모르겠어. 그냥 불쑥불쑥 짜증이 날 뿐이야.

"하루 너는 어떻게 살고 싶어? 난 세계 여행을 하고 싶고, 만날 친구들이랑 놀고 싶은 것 빼고는 뭘 좋아하는지도 모르겠어."

"나? 내 맘대로. 엄마한테 벗어나서 내 맘대로. 난 엄마의 인형이 아니니까."

"그러니까 네 맘은 어떤 거냐고? 뭐를 하고 싶은데?"

잘 모르는 유령이랑 왜 인생 이야기를 하고 싶은지 모르겠지만 이상하게도 친구들이랑은 이런 얘기를 잘 안 하게 돼.

"그냥. 뭐든지, 다."

하루도 자기 마음을 잘 모르는 것 같았어. 자기 마음을 몰라 답답한 게 나만은 아니라서 조금 위로가 되었어.

"왁! 놀랐지? 새로 온 애들이네. 같이 놀자!"

웬 아이가 펄쩍 뛰어나와 소란을 피웠어. 우리 귀에 대고

큰 소리로 떠들고, 나뭇가지를 꺾어 던지고, 텐트에 돌을 던져 무너뜨리고, 우리 아빠한테 물총을 쏘고……. 아빠가 깰까 봐 조마조마했어.

"조이, 이렇게 떠들면 다른 유령 캠퍼들에게 방해돼."

떠드는 아이는 조이 유령, 말리는 사람은 조이의 엄마 유령인가 봐. 조이 유령은 엄마 말을 못 들은 척하고는 우리에게 달려왔어.

"얘들아, 놀자, 놀자!"

"뭐 하고 놀 건데?"

하루가 반갑게 물었어. 조이의 눈이 반짝반짝 빛났어.

"아무거나. 아무 놀이. 난 노는 게 너무 좋아."

"캠핑장에 어울리는 놀이는 내가 잘 알아. 아빠랑

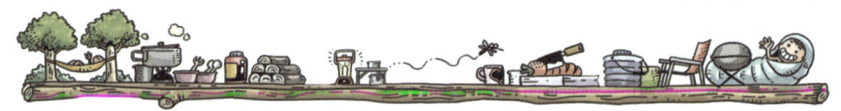

캠핑장에 올 때마다 했거든."
 하루는 나뭇가지를 집어 들고 땅바닥에 커다란 사각형을 그렸어.
 "땅따먹기야."

땅따먹기는 돌멩이를 손가락으로 튀겨서 나간 만큼 땅을 차지하는 놀이야. 처음 해 봤는데 생각보다 재미있었어. 나는 아주 신중하게 돌멩이를 튀겨 땅을 넓혔어. 하루도 만만치 않았지. 하지만 조이는 의욕만 앞서서 실수가

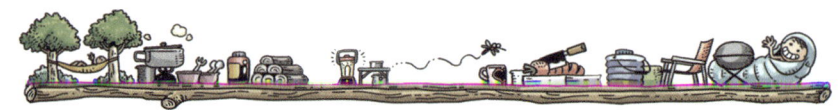

많았어. 놀이 규칙을 안 지키고 틈틈이 속임수도 썼지. 곰처럼 큰 덩치로 우리의 시야를 가리고 몰래 땅을 넓히는 거야.

"조이, 자꾸 이러면 너랑 안 놀아."

하루는 화를 냈어. 지켜보던 엄마가 조이를 타일렀어.

"조이, 규칙을 지키며 놀아야지. 사람이었을 때도 네 멋대로 하면 친구들이 기분 나빠했잖아."

"아, 알았어, 알았어. 그만해, 그만."

조이는 벌떡 일어서더니 우리 땅을 발로 문질러 버렸어. 누구 땅이 넓은지 알 수 없게 말이야.

"너무해."

"너랑 안 놀아."

하루랑 나는 조이에게 삐쳤어. 힘만 믿고 막무가내로 행동하는 친구랑은 놀기 싫어.

"우리 술래잡기하자. 나 잡아 봐라, 이 게으른 거북이들아."

어휴, 유치한 심술쟁이! 조이는 텐트 사이를 이리저리 돌아다니며 우리를 놀렸지만 하루와 나는 대꾸도 하지 않았어. 조이 엄마만 말썽쟁이 아들을 애타게 불러 댔지.

"그만해라, 조이. 조심해! 줄에 걸리면 넘어져. 텐트로

돌아가자."

"어."

 조이는 건성으로 대답하며 까불까불 달렸어. 그러다 정말 텐트 줄에 걸려 엎어지고 말았지. 코피가 주르르 흘렀어. 유령도 빨간 코피가 나는 줄 처음 알았네.

 "아야, 아파. 엄마가 미리 말을 해 줬어야지. 자식을 다치게 놔두면 어떡해? 그러고도 엄마야? 엉엉."

　조이는 울면서 엄마를 원망했어. 한심하고 어리석은 조이에게 막 화가 났어.
　"조이야, 너희 엄마가 조심하라고 했거든. 몇 번이나. 너는 왜 엄마 말을 하나도 안 들으면서 엄마한테 화를 내냐?"
　"내가? 언제?"
　조이의 눈이 휘둥그레졌어. 진짜 아무 말도 못 들은 것처럼 말이야.
　"계속 그랬거든!"
　"그래? 잔소리 처리 모드 때문에 못 들었나? 내가 엄마 말은 한 귀로 듣고 한 귀로 흘리게 설정해 뒀거든. 그래도 완전 중요한 말은 들어! 용돈을 준다는 말이나, 캠핑 가자는 말이나, 내가 좋아하는 요리를 해 준다는 말 같은 거. 넌 안 그래?"
　"나, 나는 맨날 그러진 않아. 그래도 들을 건 들어야지! 엄마가 하는 잔소리는 정말 싫지만 열 개 중에 한 개 정도는 쓸 만하다고."
　나도 모르게 말을 더듬었어.
　"정말 그렇게 생각하니?"
　탐정 유령이 내 귀에 대고 속삭였어.

안 그래도 부끄러웠는데, 탐정 유령이 콕 찍어서 물어보니 더 부끄러웠어. 나는 그만 얼굴이 빨개졌어.

나무 장작이 몇 개 필요할까?

7층 4개
6층 2개
5층 4개
4층 2개
3층 4개
2층 2개
1층 4개

하루는 나무 장작을 7층까지 쌓았어. 1층부터 가로, 세로 방향으로 번갈아 쌓을 때 홀수층은 4개씩, 짝수층은 2개씩 쌓았지. 이 규칙대로 7층까지 쌓아 볼까? 홀수층 (1, 3, 5, 7층)은 4개씩, 짝수층 (2, 4, 6층)은 2개씩이니까,

$$(4 \times 4) + (2 \times 3) = 22(개)$$

7층까지 쌓았을 때 나무 장작의 개수는 22개야. 규칙을 적용해 9층까지 쌓아 볼까? 7층에서 9층까지는 두 층이 더 필요하니까, 홀수층과 짝수층에 한 층씩 더해 계산하면 돼.

$$(4 \times 5) + (2 \times 4) = 28(개)$$

9층까지 쌓았을 때 필요한 나무 장작의 개수는 28개야. 규칙대로 하면 20층을 쌓았을 때의 나무 장작 개수도 금방 나오겠지? 홀수층, 짝수층이 각각 10개씩이니까.

$$(4 \times 10) + (2 \times 10) = 60(개)$$

20층까지 쌓으려면 나무 장작 60개가 필요해.

캠핑장을 떠도는
거지 유령들

"그, 그만하고 라면이나 끓여 먹자. 배고파."

화제를 돌리기 위해 라면을 꺼냈어. 그런데 라면을 끓이다 보니 정말로 배가 너무 고픈 거 있지! 보글보글 매콤한 라면 냄새에 군침이 마구 솟으면서 아빠가 생각났어.

아빠는 아직도 죽은 듯이 자고 있었어. 점심 먹고 내내 낮잠만 잤지만 벌써 저녁 때가 되었으니 아빠도 배고플 거야. 해먹으로 다가가 아빠를 흔들었어. 아빠는 눈을 뜨지 않고, 푸우 소리만 낼 뿐, 깨어나지 않았어.

"너희 아빠는 그냥 깊이 주무시는 거야. 내가 일부러

재웠어. 깨어나서 네가 유령들과 라면 먹는 모습을 보는 것보단 주무시는 게 낫지 않겠냐?"

　탐정 유령의 말에 고개를 끄덕이고 자리로 돌아왔어. 그런데 라면을 집으려고 젓가락으로 냄비를 훑었는데 국물만 훌렁한 거야.

　"나 빼고 먼저 먹으면 어떡해. 의리 없이!"

　훌렁한 냄비를 젓가락으로 뒤적이며 투덜거렸어. 하루와 탐정 유령은 눈을 동그랗게 뜨고 고개를 저었지.

"아니야. 난 한 젓가락도 안 먹었어. 널 기다리면서 하루를 설득하고 있었어."

"나도 못 먹었어. 이 뚱뚱한 유령이 계속 말을 시키는 바람에 아직 젓가락도 못 들었어. 면발 붇는 거 싫은데."

"그럼 누가 먹었지?"

우리는 다툼을 멈추고 라면 냄비로 시선을 돌렸어. 바로 그때 더러운 앞발로 라면 면발을 들어 올리는 야생 아기 고양이 유령과 눈이 딱 마주쳤지.

"잡았다, 라면 도둑. 내 라면 훔쳐 먹지 마."

"내가 보여? 너희, 사람이 아니라 유령이냐옹? 난 너무 배고파."

아기 고양이는 불쌍한 눈빛으로 야옹거리며 나를 쳐다보았어. 아이스박스에 든 삼겹살까지 주고 싶을 만큼 간절한 표정이었어. 나도 모르게 말했어.

"그래, 고양이야. 너 다 먹……."

탐정 유령이 내

이마를 탁 쳤어. 정신이 번쩍 들었어. 아기 고양이 유령이 불쌍한 눈빛으로 나를 홀리는 중이었나 봐.

"안 돼. 내 라면 훔쳐 가지 마. 난 배고프다고!"

"나도 배고파. 캬옹."

아기 고양이 유령은 못되게 야옹거렸어.

"사람인 내가 배고프지 유령인 네가 배고프겠냐? 유령은 안 먹어도 상관없잖아."

"혹시 그거 나한테 하는 말이니?"

탐정 유령이 물었어. 사실이지만 고개를 저어 줬어.

"그럼 나한테?"

하루가 말했어. 한숨이 나왔어.

"난 아니지? 난 앞으로 인간인 아빠랑 살 거니까 음식도 먹고, 화장실도 가고 다 해야 해. 그래야 아빠가 나를 자연스럽게 받아들이지."

하루는 날름날름 김치를 집어 먹었어.

아기 고양이 유령은 내 눈치를 살살 보며 라면 냄비에 또 앞발을 댔어.

"안 돼, 그만!"

"돼~. 한 번만~."

아기 고양이 유령은 더러운 앞발로 냄비를 꼭 쥐었어.

나는 냄비를 뺏으려고 힘을 줬어. 냄비가 기울어져 라면이 거의 쏟아지고 말았어.

그런데 라면이 쏟아지는 순간 너구리, 다람쥐, 생쥐, 까치 유령이 나타나 아귀아귀 먹어 댔어. 너무 기가 막혀서 말리지도 못했어.

"고양이 유령, 그만 먹어. 네가 전체의 3분의 1이나 먹었잖아."

너구리는 넓적한 등으로 고양이를 막고는 떨어진 라면을 마구 먹었어. 고양이도 캬웅, 호랑이 소리를 내며 면발을 움켜잡았지.

"너구리 너는 전체의 5분의 2나 먹었잖아."

　고양이와 너구리는 면발의 양 끝을 잡고 으르렁댔어. 그 틈을 타 다람쥐도 15분의 1이나 먹어 치웠어. 생쥐, 까치도 다람쥐와 같은 양을 먹었지.

"그만들 좀 해. 거의 안 남았잖아. 야생 동물 유령이면 야생에서 먹이를 구해야지. 사람 것을 뺏어 먹으면 어떡해?"

　치사하지만 나는 냄비를 움켜쥐었어. 냄비 바닥에는 면발 몇 가닥과 약간의 국물만 남아 있었지.

"뭐야, 다 먹었네."

"아니야. 조금 남았어. 나와 다람쥐와 까치는 똑같은 양만 먹었거든. 우리가 비록 이 캠핑장의 거지 유령이지만 마지막 국물 한 방울까지 싹 먹어 치울 만큼

염치없진 않아. 사실 난 아주 조금밖에 못 먹었어."

생쥐 유령이 앞발에 묻은 국물을 핥아먹으며 뻔뻔하게 말했어.

"맞아, 이건 다 사람들 때문이야. 캠핑장에 온 사람들이 자꾸 음식을 남기고, 아무 데나 두니까 얻어먹고 훔쳐 먹는 버릇이 들었잖아. 사냥하는 법은 벌써 잊어버렸어. 요즘 유령 산 캠핑장에 사람들이 안 와서 얼마나 배고팠는지 알아? 먹을 것 있으면 좀 더 꺼내 봐. 응?"

고양이 유령은 한술 더 떠서 당당하게 요구했어. 아이고! 이 거지 유령들은 왜 유령 세계로 올라가지도 않을까? 혹시 벌써 떠돌이 혼령이 된 거 아니야?

"탐정 유령, 이 거지 유령들을 싹 유령 세계로 데려갈 수 없어요?"

"물론 가능하지. 네 소원이라면 얼마든지."

탐정 유령은 당장 유령 세계와 통신을 하여 4차원 공간 이동 단말기를 통해 **떠돌이 혼령잡이 그물**을 내려 받았어. 유령 세계는 인간 세계보다 훨씬 과학 기술이 발달했어. 유령이 된 천재 과학자들이 연구를 열심히 하나 봐.

"좋아! 이 그물로 떠돌이 혼령들을 다 잡아서 유령 세계로

데리고 올라가자. 하루를 데려가는 것보다 훨씬 쉬울 것 같아."

탐정 유령은 그물을 메고 거지 유령들을 쫓아 날아갔어.

"나도, 나도. 도와줄게."

하루도 신이 나서 **탐정 유령** 뒤를 쫓아갔어. 깔깔거리는 하루는 정말 행복해 보였어. 유령 엄마한테 가지 말고 여기서 제 아빠랑 사는 게 낫지 않을까?

아이고! 내가 지금 무슨 생각을 하는 거야? 하루한테 홀린 게 분명해. 나는 고개를 세차게 흔들었어. 잊지 말자. 유령은 유령 세계에서 유령답게! 인간은 인간 세계에서 인간답게!

라면은 얼마나 남았을까?

고양이는 전체 라면의 $\frac{1}{3}$을 먹었고, 너구리는 $\frac{2}{5}$를 먹었어. 다람쥐와 생쥐, 까치는 똑같은 양을 먹었어. 남은 라면은 얼마일까?

분수를 비교하려면 분모가 같아야 해. 분수의 분모를 같게 하는 것을 '통분'이라고 하지.
$\frac{1}{3}$과 $\frac{2}{5}$를 통분하면, $\frac{5}{15}$와 $\frac{6}{15}$.
라면 전체를 1이라고 하면 $1-(\frac{5}{15}+\frac{6}{15})=\frac{4}{15}$
다람쥐와 생쥐, 까치는 똑같은 양을 먹었으므로 $\frac{1}{15}$씩 먹은 거야. 남은 양은 $1-(\frac{5}{15}+\frac{6}{15}+\frac{1}{15}+\frac{1}{15}+\frac{1}{15})=\frac{1}{15}$
남은 라면은 $\frac{1}{15}$이야.

탈의실에 숨어 있는 수학 퍼즐 유령!

나는 홀딱홀딱 뛰며 정체 모를 벌레를 떼어 냈어. 벌레의 정체는 굳이 벌레라고 부르자면 퉁퉁 불은 라면 벌레? 거지 유령들과 다툴 때 라면 가락이 내 머리 위로 떨어졌나 봐. 그러고 보니 나한테서 매콤한 라면 냄새가 났어. 웬만하면 털어 내려 했는데, 수프 건더기가 머리카락에 딱 붙어서 폴폴 냄새를 풍겼어.

"어휴, 집에서도 귀찮아서 안 감는 머리를 여기서 감아야겠네."

주섬주섬 샴푸와 수건, 500원짜리 동전 몇 개를 챙겨 들고 샤워장으로 갔어.

   난 씻으려고만 하면 왜 먼저 응가가 마려울까? 샤워장 앞에 있는 화장실에 먼저 들어갔어. 화장실에 앉아 막 볼일을 시작하는데, 불이 깜빡이더니 갑자기 꺼지고 말았어. 일어나서 나가고 싶었지만 그럴 수 없는 상황, 알지? 아빠라도 깨워서 같이 올 걸 후회했어. 집이나 학교에서는 잘 몰랐는데, 밖에 나와 보니 아빠는 꽤 필요한 사람이야.

  "마방진, 탐정 유령님. 탐정 형!"

  "빨간 종이 줄까아아, 파란 종이 줄까아아."

  변기 밑에서 으스스한 귀신 소리가 들렸어. 언젠가 아빠가 해 줬던 **화장실 귀신**이 나타났나 봐. 소름이 오싹 끼쳤지만 엉덩이에 힘을 꽉 주고 소리쳤지. 아빠가 가르쳐 준 대로.

  "필요 없어요. 난 좋은 화장지 가져왔다고요. 부드럽고 물에 잘 녹는 천연 펄프."

  "그래? 할 수 없군."

  탐정 유령이 화장실 안으로 쑥 들어왔어.

  "뭐야, 장난친 거예요? 하지 마요. 무서웠다고요."

  탐정 유령이 화가 난 척했지만, 내가 부르니까 부리나케 달려온 거 다 알아. 내가 속으로는 고마워한다는 거, 탐정

유령 형아도 알죠? 그런데 지금 어디 들어온 거야? 난 바지를 벗고 있다고요!

"마방진! 당장 나가요! 화장실까지 쫓아오면 어떡해요?"

볼일을 보는 둥 마는 둥 겨우 마치고 샤워실로 들어갔어.

"도와줄까? 샴푸 짜 줄까? 머리 감겨 줘?"

탐정 유령이 또 쫓아와 매달렸어. 한 번 친한 척해 주면 진드기 같이 딱 붙는 게 탐정 유령의 매력이지. 그렇다면 차가운 척 튕기는 건 나의 매력?

"됐어요. 밖에서 내 옷이나 지켜요."

탐정 유령에게 망을 보게 하고 머리를 감았어. 혼자일 때보다 훨씬 마음이 놓였지.

캠핑장 샤워기는 500원 동전을 넣으면 따뜻한 물

10L가 나오는 방식이었어. 500원을 샤워기에 넣고 머리에 샴푸를 짰어. 물을 틀면서 머리카락을 비비는데, 얼음같이 차가운 찬물만 콸콸 나오지 뭐야. 또 500원, 또 500원을 넣었지만 여전히 찬물만 콸콸 나왔어. 미지근하기만 해도 좋을 텐데 손이 시릴 정도로 찬 얼음물이었지. 탐정 유령이 또 장난치는 게 틀림없어.

"장난치지 마요. 감기 걸리겠어요."

바깥에서는 아무 대답이 없었어. 어쩔 수 없이 찬물로 샴푸를 헹구는데, 아무리 헹궈도 거품이 계속 나왔어.

장난꾸러기 탐정 유령, 가만두지 않겠어!

"탐정 유령, 마방진, 형아! 장난 좀 그만 쳐요. 얼어 죽겠다고요."

그래도 샴푸 거품은 계속 솟아났어. 눈이 따가웠지만 어쩔 수 없이 눈을 떴어. 내 머리 위에서 샴푸를 짜며 장난을 치고 있을 탐정 유령을 똑똑히 쳐다보며 말하려고.

"장난 좀 그만……."

그런데 샴푸 통을 열심히 쥐어짜고 있는 유령은 탐정 유령이 아니었어. 훨씬 날씬하고 어렸어.

"반가워, 난 **샴푸 유령**이야. 그동안 찾아오는 사람이 없어서 너무 심심했어."

　샴푸 유령은 고개를 탁탁 흔들며 찰랑거리는 생머리를 어깨 너머로 넘겼어.
　"뭐야, 또 유령이야? 난 하나도 안 반갑거든. 그만 좀 해. 샴푸 헹구다 머리통이 얼 것 같아."
　"이건 천연 유기농 유령 샴푸야. 빠글빠글 곱슬머리도 나처럼 비단결 같은 고운 머리로 만들어 주는 고급 샴푸. 넌, 좀 많이 써야 할 것 같은데!"
　"됐어. 난 곱슬머리에 불만 없어."
　속으로는 라면 같은 내 머리카락이 반듯하게 펴졌으면 하는 마음이 들었어. 하지만 관심 없는 척 찬물을 뚝뚝 흘리며 샤워실을 뛰쳐나왔어.
　탐정 유령은 탈의실에서 웬 유령과 게임을 하고 있었어.
　"밖에서 망봐 달랬더니 여기서 뭐 해요?"
　"얜 탈의실의 수학 퍼즐 유령이야. 샤워장에 온 사람들에게 수학 퍼즐 문제를 내서 못 맞히면 안 내보내 준대. 탈의실에 꼼짝없이 가둔대. 이것 좀 봐. 너 대신 내가 퍼즐을 풀어 주려고 했는데, 흠!"
　탐정 유령은 고개를 절레절레 흔들며 뒤로 물러났어.
　"좋아, 좋아. 누구든 풀어. 안 그러면 평생 탈의실에 갇혀 나랑 놀아야 해. 에헤헤헤!"

수학 퍼즐 유령이 까불까불 놀렸어. 나는 수건으로 머리통을 단단히 감싼 뒤 평상에 붙은 퍼즐 판을 노려보았어.

쳇, 이 정도쯤이야. 나, 안천재야! 수학 유령 덕분에 유령 세계의 미스터리한 사건들을 해결하며 수학 천재로 등극하고 있는 바로 그 안천재. 나는 퍼즐 조각을 요리조리 돌려서 금세 퍼즐 판을 완성시켰어.

"오! 잘했어, 잘했어. 역시 내 친구 안천재야."

탐정 유령은 유령 꼬리를 **뱅글뱅글** 돌리며 기뻐했어. 하지만 수학 퍼즐 유령은 울상이 되었지. 나는 퍼즐 유령의 어깨를 톡톡 두드렸어.

"너무 실망하지 마. 인간 어린이들이 다 나처럼 똑똑하진 않으니까."

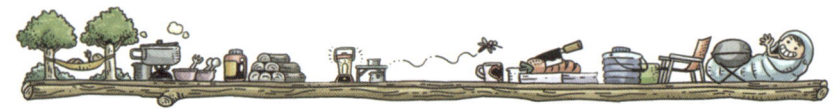

나는 어깨를 쫙 펴고 탈의실에서 나왔어. 탐정 유령도 꼬리를 쭉 펴고 따라 나왔지. 젖은 머리칼 속을 파고드는 바람은 엄청 시원했어.

수학 퍼즐 게임, 우봉고

정사각형을 이어 붙여 만드는 퍼즐의 하나인 우봉고 게임. 우봉고는 12개의 정사각형 퍼즐 조각을 사용하여 정해진 시간 안에 퍼즐 판을 맞추는 게임이야. 퍼즐 조각이 많아질수록 더 어려워지지. 우봉고와 같은 퍼즐 게임은 재미도 있고, 공간 지각력과 사고력을 높일 수 있어서 수학 공부에 도움이 돼. 퍼즐 조각을 이리저리 회전시키고 적절한 위치로 이동시키며 퍼즐 판을 맞추다 보면 쉽게 해결할 수 있어.
천재가 맞힌 우봉고 퍼즐 판 문제의 정답을 확인해 봐.

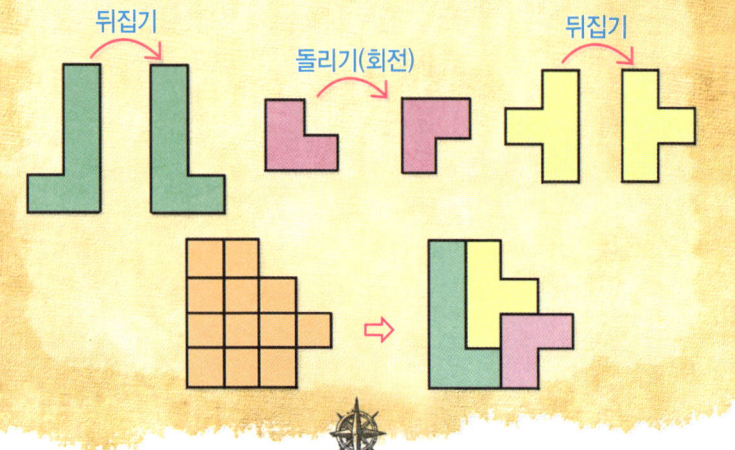

10

끝임없이 생기는 프랙털 미로

노을이 깔린 지 얼마 되지 않아 하늘이 어둑어둑해지기 시작했어. 산속의 노을은 도시보다 훨씬 바쁜가 봐. 하긴, 도시에서는 노을도, 하늘도 제대로 본 적이 없었던 것 같아. 집에서는 하늘이나 나무, 꽃에 관심을 둔 적이 없었어. 그냥 친구들과 어울려 놀고, 혼자 있을 때는 텔레비전 보고, 게임하고, 게임 못 하면 심심하다고 짜증만 냈지. 이렇게 하늘을 쳐다보면 좋았을걸!

"여기 노을이 좋아? 그럼 여기서 우리랑 살자!"

하루가 날아와 소곤거렸어.

"같이 살자, 살자, 살자!"

 다른 유령들도 내 곁으로 몰려들었어. 나, 사람들 사이에서는 그렇게 인기 있는 편은 아닌데, 유령들은 왜 이렇게 날 좋아할까? 유령한테라도 인기가 좋은 걸 다행으로 생각해야 하나?
 하루는, 모처럼 진지한 감상에 빠진 내 주위를 나방처럼 어지럽게 날아다녔어. 잡으려고 하면 미꾸라지처럼 쏙

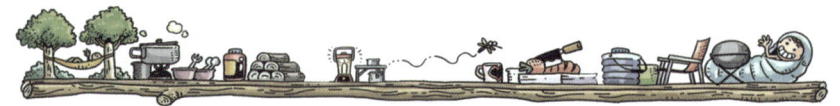

빠져나가고!

"어, 아빠!"

갑자기 하루가 공중에서 멈췄어. 캠핑지기 아저씨가 우리 텐트 쪽으로 걸어오고 있었거든. 와글와글 떠들던 유령들이 길을 비켜 주었어. 하루는 캠핑지기 아저씨의 팔에 꼭 매달렸어. 아저씨는 하루를 보거나 느낄 수 없지만 하루에게 잡힌 팔이 불편했나 봐. 팔을 몇 번이나 털었어. 하루는 슬픈 표정으로 아저씨의 팔을 놓았지.

"천재야, 네 아버지가 너무 오래 주무시는 것 같구나.

여기는 산속이라 금방 어두워지니까 그만 일어나서 저녁 준비해야 한다고 말씀드리렴."

"네, 아빠를 깨울게요."

하루는 아빠가 자고 있는 해먹을 막아섰어.

"아직 안 돼. 우리

아빠한테 말해 줘. 내가 여기 있다고."

"싫어! 날 미친 사람 취급할 거야."

"얘기해! 우리 아빠는 날 사랑하니까 믿을 거야. 어서 말해!"

"못 해! 네가 해!"

버럭 소리를 질렀어.

"무슨 일 있니?"

캠핑지기 아저씨가 깜짝 놀라며 물었어. 나는 재빨리 고개를 저었어.

"너, 나한테 너희 아빠를 넘긴 거 잊어버렸니? 너희 아빠는 내 마음대로 할 수 있어. 이대로 영영 못 깨어나게 만들 수도 있다고."

하루의 심술궂은 표정을 보니, 정말 우리 아빠를 영영 잠자게 만들 것 같았어. 나는 탐정 유령에게 도와 달라는 눈짓을 보냈어. 탐정 유령은 고개를 저었어.

"그러게 아빠는 왜 팔았어? 난 유령과 사람 사이의 계약에는 참견할 수 없어."

"당장 하루를 데려가면 되잖아요! 밧줄로 묶어서라도 끌고 가면 되잖아요!"

"강제로 끌고 갈 순 없어. 유령에게는 유령 인격권이

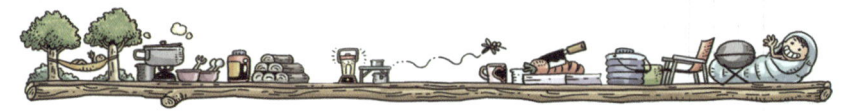

있어서 강제로 어떻게 할 수 없거든. 네가 설득을 좀 해 보는 건 어때? 유령 세계로, 엄마한테로 돌아가라고. 그럼 되잖아!"

내가 저지른 일이니 내가 해결해야 한다는 말이지? 아유, 내가 왜 데이터 무제한에 아빠를 팔았을까! 스마트폰은 터지지도 않는데……. 맞다!

"너도 약속 안 지켰잖아. 스마트폰 무제한으로 쓰게 해 준다더니 되지도 않잖아. 네가 약속을 안 지켰으니까 우리 아빠를 넘긴 건 무효야."

"스마트폰은 무제한이야. 네 아빠를 시켜 네 마음대로 쓰라고 말해 줬잖아. 여기 캠핑장은 송전탑 때문에 인터넷이 안 될 뿐이야. 그건 나도 어쩔 수 없어. 어쨌든 난 약속을 지켰어. 얼른 우리 아빠한테 말해. 내가 여기 있다고. 간단하잖아!"

그래. 간단하게. 빨리 말하고 정신 나간 아이가 되자. 나는 숨도 쉬지 않고 말했어.

"캠핑지기 아저씨, 사실 전 유령을 볼 수 있어요. 여기에 아저씨의 딸 유령이 와 있어요. 딸 유령하고 얘기하실래요?"

"뭐? 너 지금 뭐라고 했니?"

　캠핑지기 아저씨는 이마를 찌푸렸어. 내 말을 믿지 못하는 거야. 날 이상한 아이로 생각하는 거야. 당연해. 유령을 빤히 보고 있는 나도 이 상황을 믿기 힘드니까.
　"아저씨 딸은 하루, 별명은 **캠핑 공주**예요. 빨간 머리를 하고 항상 방울 달린 모자를 쓰고 다녀요. 죽어서 유령이 됐지만 아저씨랑 살고 싶대요. 유령 딸도 괜찮으시겠어요?"

 캠핑지기 아저씨의 표정이 딱딱해졌어. 눈물을 참는 것 같기도 하고, 화를 참는 것 같기도 했어. 하루는 아저씨를 덥석 안았어. 아저씨는 하루를 느끼는 것처럼 가만히 서 있었어. 그러다 소스라치며 몸을 털었지.
 "네가 어디서 어떤 말을 들었는지 모르지만, 그리고 인터넷에서 이 캠핑장에 대한 어떤 기사를 봤는지 모르지만, 그런 장난은 치는 게 아니다!"
 아저씨는 차갑게 돌아섰어. 아저씨의

바람이 차가워졌네, 음냐……."

우리 아빠가 깨어났어.

"아빠!"

아빠를 덥석 안았어. 나도 아빠가 있다고! 내 편을 들어 줄 아빠, 나를 지켜 줄 아빠가 있어.

"아이고, 배고파라."

아빠는 눈을 감은 채 잠이 반쯤 깬 목소리로 중얼거렸어. 바로 그 순간, 하루가 아빠 몸속으로 쑤욱 들어갔어.

"안 돼!"

탐정 유령이 하루를 말리려고 달려들었지만 하루가 더 재빨랐어. 우리 아빠 몸속에 들어간 하루가 나를 밀어냈어. 나는 너무 놀라 입을 떡 벌린 채 아빠를 쳐다보았지.

"아빠……."

아빠는, 아니 아빠의 몸에 하루의 유령이 들어갔으니 하루라고 해야 하나? 아니야. 그래도 우리 아빠야.

아니, 우리 아빠가 아니었어. 아빠의 몸은 나를 팽개치고 캠핑지기 아저씨를 와락 껴안았거든.

"아빠, 정말 나예요. 하루예요. 아빠랑 같이 살려고 왔어요. 아빠도 나를 못 잊었죠? 그러니까 여기 있는 거죠?"

캠핑지기 아저씨는 놀라고 당황해서 아빠를 떼어 내려 했어. 하지만 아빠는 아저씨를 더 힘껏 껴안았지.

"이보세요, 천재 아버님. 왜 이러세요?"

"아빠, 난 천재네 아빠가 아니라 하루예요. 캠핑 공주! 우리 엄마는 잔소리 대마왕. 아빠는 마왕에게서 나를 구해 주는 배불뚝이 조종사잖아요.

기억나요, 아빠? 수학 시험을 망치고 캠핑을 와서 수학 문제집을 풀며 속상해할 때 아빠가 내게 알려 줬잖아요. **캠핑을 하면서 즐겁게 수학 공부하는 방법을요.** 나무에서 수학을 찾아 줬잖아요."

하루는, 아니 캠핑지기 아저씨가 보기에 우리 아빠는, 나뭇가지를 들고 가지가 많은 나무를 그렸어.

"이 나무가 맨 처음 어떤 모양으로 시작해서 어떻게 커졌는지 가르쳐 줬잖아요. 자연에서 이런 **프랙털**을

얼마나 많이 찾을 수 있는지 알려 줬잖아요."

캠핑지기 아저씨의 얼굴이 하얗게 질렸어. 몸은 우리 아빠였지만 목소리도, 말하는 내용도 모두 캠핑 공주 하루였거든.

"프랙털? 당신 누구야? 우리 하루랑 했던 이야기를 어떻게 당신이 아는 거야? 무슨 의도로 여기 와서 끔찍한 장난을 치고 나를 괴롭히는 거야?"

캠핑지기 아저씨의 얼굴은 고통스럽게 일그러졌어.

억지로 눈물을 참는 것 같기도 하고, 화가 난 것 같기도 했어. 나는 마음이 아팠어. 참으려고 했지만 자꾸 눈물이 나왔어.

"아저씨, 하루가, 하루 유령이 우리 아빠의 몸에 들어갔어요. 하루가 아저씨랑 살고 싶다면서 우리 아빠 몸으로 들어갔다고요! 지금 우리 아빠가 하는 말은 사실 하루가 하는 말이에요. 아저씨, 하루더러 우리 아빠 몸에서 나오라고 해 줘요. 내가 전해 주는 말을 아저씨가 안 믿으니까, 직접 말하려고 우리 아빠 몸을 뺏었다고요. 어떡해요! 우리 아빠! 엉엉엉."

"으아악!"

아저씨는 두 손으로 머리카락을 움켜쥐고 괴물 소리를 질렀어.

"도대체 당신들은 누구야? 무슨 말도 안 되는 소리를 하는 거야? 다 필요 없어. 당신들이 누군지 알고 싶지도 않아. 다시는 내 앞에 나타나지 마! 썩 가 버려!"

아저씨는 휙 뒤돌아서 성큼성큼 가 버렸어. 우리 아빠가, 아니 하루가 쫓아가 아저씨를 붙잡았지만 매몰차게 밀쳐 버렸어.

"아빠, 아빠! 하루예요. 나, 하루예요. 아빠 딸 하루."

하루는 간절히 외쳤지만 캠핑지기 아저씨는 돌아보지도 않았어.

우리 아빠는 바닥에 주저앉아 울었어. 목 놓아 서럽게 울었어. 아빠가 우는 모습은 처음 봤어. **얼음송곳**으로 찌르는 듯 마음이 아팠어. 나는 아빠의 어깨에 가만히 손을 올렸어.

"아빠, 괜찮아?"

아빠가 고개를 들었어.

아빠의 뺨은 눈물로 얼룩지고, 콧물은 입술 선을 따라 내려가 턱까지 흘러내렸어.

"천재야……."

너무 울어서 쉰 목소리로 아빠가 내 이름을 불렀어.

"네?"

"내가 아직도 네 아빠로 보이냐?"

꺅! 소름이 오싹 끼쳤어.

"하루야, 제발 우리 아빠 몸에서 나와."

온 힘을 다해 아빠의 어깨를 잡고 흔들었어. 우리 아빠 몸이 휘청거렸어. 하지만 하루는 우리 아빠 몸에서 나오지 않았어.

하루는 우리 아빠 얼굴을 빌어 잔뜩 화난 표정을 지으며

텐트 속으로 쏙 들어가 문을 닫아 버렸지.

"아빠, 아니 하루야!"

닫힌 텐트를 쳐다보며 울먹였어. 나는 끊임없이 생겨나는 **프랙털 미로**에 빠진 기분이었어. 하루와의 다툼이 같은 모양새로 되풀이되며 도저히 끝날 것 같지 않았지.

프랙털 나무 그리는 방법

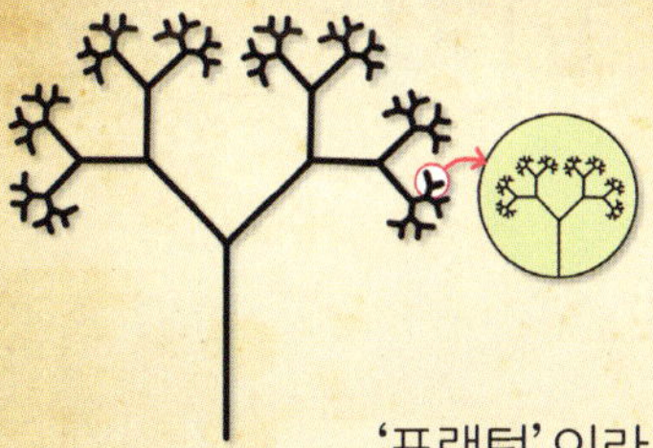

이 나무는 하나의 모양(Y)이 규칙적으로 되풀이되며 그려졌어. 이와 같이 작은 부분이 전체 구조와 똑같은 모양을 가진 구조를 '프랙털'이라고 해. 프랙털은 처음 모양만 알면 누구나 쉽게 그릴 수 있지. 프랙털 모양은 자연에서 흔히 볼 수 있어. 브로콜리, 고사리 잎, 복잡한 해안선 모양, 눈의 결정, 산맥, 허파의 실핏줄 등이 프랙털 구조야.

"눈 결정도 프랙털 구조네."

11

교통사고에 숨겨진 놀라운 비밀

캠핑장에 자동차 두 대가 들어왔어. 자동차는 곧장 우리 옆 텐트 앞에 섰지. 옆 텐트는 이미 유령들로 꽉 찼지만 사람들은 그것도 모르고 텐트에 짐을 풀었어.
"어휴, 사람들과 같이 지내려면 좁은데……."
"유령 캠핑장을 따로 만들던지 해야지, 원."
옆 텐트에 있던 유령 가족은 구시렁거리며 사람들의 머리 위로 날아다녔어. 유령을 못 보는 사람들은 즐거운 표정으로 자동차에서 내렸지. 캠핑지기 아저씨는 아까의 소동을 잊어버린 듯 멀쩡한 얼굴로 손님들을 맞았어.
"오랜만입니다, 기장님."

"기장님, 잘 지내셨죠?"

새로 온 사람들은 캠핑지기 아저씨와 잘 아는 사이 같았어. 아저씨를 '기장님'이라고 불렀지. 비행기 조종사를 부르는 그 '기장'일까?

"어서 와. 여기는 텐트랑 캠핑 장비들이 모두 준비된 글램핑장이야. 따로 준비를 하지 않아도 편하게 묵을 수 있어."

캠핑지기 아저씨가 가까이 오자 나는 쭈뼛쭈뼛 일어났어. 아저씨는 내 쪽으로는 눈길도 주지 않고 슥 지나갔어. 새로 온 **예쁜 누나**만 지나가다 인사를 건넸어.

"어머, 이웃 주민이네요. 잘 부탁드려요."

하루는 어느새 옆 텐트 쪽으로 가서 이야기를 엿듣고 있었어. 나도 그 옆에 숨죽이고 앉았지.

손님들은 비행기 조종사와 승무원들이었어. 내 꿈인 세계 여행을 마음껏 할 수 있는 멋진 사람들. 나도 비행기 조종사가 될까? 아니면 승무원이 될까? 세계 여행의 꿈도 이루고, 예쁜 누나들과 함께 일할 수 있으니 얼마나 좋아!

"껄껄껄. 뉴욕 비행에서 또 그 문제를 냈단 말이야?"

캠핑지기 아저씨의 웃음소리에 깜짝 놀랐어. 하루도 눈이 동그래졌지.

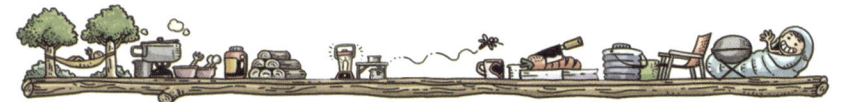

"그럼요. 기장님도 한번 맞혀 보셔요. 여기 우리 세 사람 A, B, C예요. 우리 중 한 사람은 기장, 한 사람은 승무원,

한 사람은 승객이지요. 그런데 기장은 언제나 진실을 말하고, 승무원은 언제나 거짓말을 하고, 승객은 진실도

말하고, 거짓말도 하지요.

  A: C는 승무원이 아니에요.

  B: A는 기장이 아니에요.

  C: B는 기장이에요.

  A, B, C 우리가 누구인지 맞춰 보세요."

캠핑지기 아저씨가 눈을 가늘게 뜨고 세 사람을 쳐다보았어. 나도 세 사람을 쳐다보았지. 딱 보니까 알겠어. 저기 키 크고 예쁜 누나가 승무원일 거야.

"A는 기장, B는 승무원, C는 승객."

캠핑지기 아저씨가 대답했어. A, B, C 모두 손뼉을 치며

웃었지.

"역시 기장님은 대단해! 수학 논리 퀴즈를 틀린 적이 없다니까요."

캠핑지기 아저씨의 얼굴에 미소가 떠나지 않았어. 지금껏 우울해 보였는데, 예전의 항공사 동료들과 옛날이야기를 하니 행복했던 예전 생활이 떠오르나 봐. 나는 힐끔힐끔 하루 눈치를 보았어. 탐정 유령도 하루의 눈치를 보다가 말했지.

"하루야, 아빠를 예전 생활로 보내 줘. 네가 붙잡고 있으니 아빠가 여기를 못 떠나는……."

"쉿!"

하루의 목소리가 날카로웠어. 손님 중 한 사람이 하루 이름을 말했거든.

"기장님이 하루를 얼마나 사랑했는지 알지만 이제 돌아오세요. 하루도 원하지 않을 거예요. 좋아하는 일을 그만두고 여기 계시는 거……."

캠핑지기 아저씨는 고개를 숙였어.

예쁜 누나도 입을 열었어.

"여기 와 보니 알겠어요. 이 앞 도로는 정말 위험하네요. 기장님이 하루와 사모님을 태우고 부주의하게 운전할

사람은 아닌데. 그건 정말 불행한 사고였어요. 하루도 아빠를 원망하지 않을 테니, 이제 그만 회사로 돌아오세요."

캠핑지기 아저씨는 고개를 들고 하늘을 쳐다보았어. 별들이 보석처럼 반짝이고 있었지. 하루도 눈을 반짝이며 캠핑지기 아저씨를 쳐다보았어.

"난 아빠 원망 안 해. 저 사람들은 뭔가 오해하고 있어. 사고는 엄마 때문에 난 거야. 그래서 난, 엄마랑 살 수 없어."

하루의 목소리가 부들부들 떨렸어. 탐정 유령은 고개를 절레절레 흔들며 물었지.

"도대체 무슨 일이 있었던 건데? 왜 엄마를 그렇게 미워해?"

"그날 우리는 이곳 **유령 산 캠핑장**으로 캠핑을 오는 중이었어. 엄마는 유령 산에 진짜 유령이 나온다며 무서워했지만, 아빠와 나는 모험심이 발동해서 더 좋아했어. 엄마가 싫다고 해도 아빠랑 내가 고집해서 자주 놀러 왔지.

그날따라 엄마는 더 기분이 안 좋았어. 지난밤 꿈자리가 뒤숭숭했다며 유령 산에 안 가고 싶다고 했어.

'꿈 같은 걸 믿으니 유령도 믿지.'

아빠와 나는 엄마를 놀리며 유령 산으로 출발했어. 그런데 아빠가 차에 연료 넣는 것을 깜빡 잊는 바람에 연료가 거의 바닥난 상태로 고속 도로를 한참 달려야했어. 다행히 주유소가 있는 휴게소까지 무사히 왔어. 그럼 된 거 아니야?

하지만 엄마는 고속 도로를 달리는 내내, 무사히 주유소에 도착한 뒤에도 폭풍처럼 잔소리를 해 댔어.

'그런 것은 미리미리 체크를 해야죠. 이건 그냥 깜빡 수준이 아니라 우리 모두의 목숨을 위험에 빠트리는 일이라고요. 차량 점검이 얼마나 중요한 줄 몰라요?'

'괜찮아, 무사히 휴게소까지 왔잖아요.'

아빠가 말했지만 엄마는 더 화를 냈어.

'그런 자세가 문제예요. 언제나 괜찮아, 괜찮아 그러기만 하고. 당신한테 안 괜찮은 일도 있어요?'

주유소에서 기름을 넣는 동안 엄마는 뒷자리로 옮겨 왔어. 너무 화가 나서 아빠 옆에 앉을 수 없다면서. 차는 연료를 가득 넣고 힘차게 출발했지만 차 안의 분위기는 아주 무거워졌어. 답답해서 숨이 막힐 것 같았지.

나는 창문을 활짝 열고 안전띠를 풀었어. 가슴이 조금

시원해졌어.

'하루야, 당장 안전띠 못 매?'

옆에 앉은 엄마가 또 잔소리를 했어. 잠시라도 잔소리를 안 하면 견딜 수 없나 봐.

'알았어요. 잠깐만요.'

'안전띠 매고 창문도 좀 올려. 위험해. 너, **고속 도로**가 얼마나 위험한지 정말 모르는구나. 아빠랑 다닐 때 맨날 이랬니? 설마 앞자리에도 앉은 거야?'

가슴이 더 답답해졌어. 나는 엄마 말을 무시하고 창밖만 쳐다봤어. 그러자 엄마가 내 안전띠를 매 주려고 했어.

'됐어요. 이따 내가 할게요.'

'안 돼! 당장 매!'

그 다음은 기억이 안 나네. 엄마의 잔소리만 머릿속에 가득해서 말이야……."

하루는 얼굴을 찌푸렸어.

그런데 캠핑지기 아저씨의 후배가 다음에 일어난 일을 말해 주었어.

"하필이면 사모님이 자신의 안전띠를 풀고 하루의 안전띠를 매줄 때 사고가 났다면서요? 그래서 사모님과 하루 둘 다……."

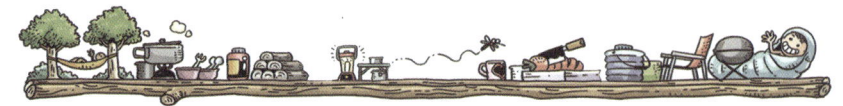

 하루가 고개를 번쩍 들었어. 놀라서 눈이 동그래졌지. 지금까지 엄마 때문에 사고가 났다고 원망했는데, 사실은 자신 때문에 엄마가 유령이 된 거였어.
 "말도 안 돼. 아니야. 엄마는 한 번도 그런 말 하지

않았어."

하루는 고개를 세차게 저었어. 충격이 무척 큰 것 같았어.

탐정 유령이 하루의 어깨를 토닥였어.

"사실을 알면 네가 엄마한테 미안해할까 봐 그랬대. 사춘기에 들어서서 한참 예민한데 그렇게 아픈 사실까지 알게 되는 걸 바라지 않았던 거야. 엄마는…… 널 사랑하니까."

우리 아빠의 눈에서 하루의 눈물이 주르르 흘렀어. 나는 잠시 동안 아빠의 몸을 빌린 하루를 원망하지 않고 바라보았어. 하루를 위로할 방법은 그것뿐이었어.

한참 동안 밤하늘만 쳐다보던 캠핑지기 아저씨가 동료들을 바라보며 말했어.

"모두들 걱정해 줘서 고마워. 다들 자기 자리에서 멋지게 사는 모습이 보기 좋네. 자네는 요번에 기장이 됐다며? 선미 씨는 매니저가 되고? 축하해."

캠핑지기 아저씨는 일부러 화제를 다른 데로 돌리는 것 같았어. 동료들도 더는 사고 이야기를 꺼내지 않았지. 옆 텐트의 분위기는 금세 밝아졌어. 하지만 우리 텐트의 분위기는 그믐달조차 뜨지 않은 흐린 밤처럼 아주

우중충했어.

"하루야, 네 아빠 말이야. 항공사 이야기를 할 때 참 즐거워 보인다. 슬픔을 조금이라도 잊는 것 같아 보여. 만약 네가 유령 세계로 떠나면 아빠는 슬픔을 잊고 다시 행복해지지 않을까? 설마 너희 아빠가 불행하길 바라는 건 아니지?"

하루는 벌떡 일어나 조금씩 어두워지는 산책로로 걸어갔어. 유령과 함께하는 산책은 내 취향이 아니지만 나도 따라갔어. 하루가 나를 돌아보며 말했어.

"나 좀 그만 따라다녀. 너 때문에 생각이 안 돼."

"네가 아니라 우리 아빠를 따라다니는 건데? 나도 어쩔 수 없다고!"

"얘들아, 나도 같이 가자. 천재는 위험하지 않게 지키고, 하루는 달아나지 않게 지켜야지."

탐정 유령도 부리나케 날아왔어. 우리는 산책로를 한참 걷다가 다시 캠핑장으로 돌아왔어.

기장, 승무원, 승객은 누구일까?

과연 누가 기장이고, 누가 승무원이고, 누가 승객일까? 아래의 조건1, 2에 맞는 해답이 나오도록 논리적으로 추론해 봐.

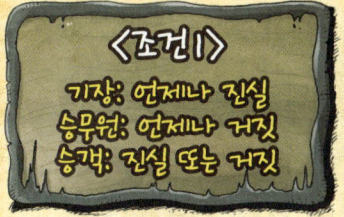

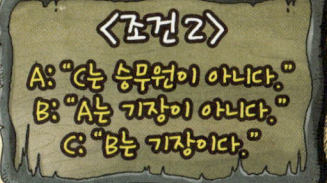

① A가 기장이라면?
   A(기장)는 진실이므로 C는 승객이고, B는 승무원이다.
   ⇨ 성립된다.
② A가 승무원이라면?
   A(승무원)는 거짓이므로, C도 승무원이다. ⇨ 성립되지 않는다.
③ A가 승객이라면?
   A(승객)는 진실 또는 거짓을 말한다.
   −A(승객)가 진실이라면?
     C가 승무원이 아니라면 C는 기장인데, 진실을 말하는 기장 C가 B를 기장이라고 말한다. ⇨ 성립되지 않는다.
   −A(승객)가 거짓이라면?
     C는 승무원인데, C(승무원)는 거짓을 말하여 B가 기장이 아니므로 B는 A와 같은 승객이 된다. ⇨ 성립되지 않는다.

따라서 A는 기장, B는 승무원, C는 승객이다.

12

전망대에 나타난 검은 그림자의 정체

  타닥타닥 장작 타는 소리, 불 속에 던져 넣은 군고구마와 군밤, 가끔씩 별처럼 하늘로 올라가는 작은 불꽃. 옆 텐트의 캠프파이어는 참 따뜻해 보였어.
  나도 아빠랑 캠프파이어를 하면 얼마나 좋을까? 주리가 그러는데 불꽃에 **마시멜로**를 구워 먹으면 정말 맛있대. 하지만 우리 아빠는, 하루 유령에 홀려 지금은 우리 아빠도 아닌걸. 눈물이 쭉 올라왔어. 아빠는 지금 아빠가 아니라도, 나는 아들이니까 우리 아빠를 지켜야지!
  "우리 아빠 어딨지?"
  하루가 캠핑지기 아저씨를 찾았어. 아저씨는 관리동으로

돌아갔는지 보이지 않았어. 하루도 관리동으로 달려갔어. 나도 따라갈 수밖에.

　하루는 관리동의 작은 창문으로 안을 들여다보았어. 한참 동안 가만히 서 있더니 갑자기 관리동 문을 벌컥 열고 안으로 들어갔지. 캠핑지기 아저씨가 고개를 번쩍 들고 쳐다보았어.

　"아까는 미안했습니다. 제가 꿈과 현실을 착각했나 봐요."
　아빠는 우리 아빠의 목소리로 말했어. 하루가 빠져나가고 우리 아빠로 돌아온 걸까?

　"아니야. 아직 너희 아빠가 아니라 하루야. 아빠가 혹 무슨 짓을 하더라도 하루 짓이라는 걸 잊지 마."
　탐정 유령이 내 생각을 읽고 대답했어.

　"방금 저수지 앞 전망대 쪽에서 검은 물체를 봤어요. 제 생각에 곰이 아닐까 싶어요. 위험하니 한번 가 봐 주시겠습니까?"

　거짓말이야! 아빠는 전망대 쪽은 가지도 않았는데 곰이 나타난 걸 어떻게 알아?
　"이 산에는 곰이 없습니다."
　캠핑지기 아저씨는 고개를 숙인 채 대답했어.
　"그럼 뭘까요? 분명 아주 덩치 큰 동물인데요. 저

혼자라도 좀 가 봐야겠습니다. 혹시 제게 무슨 일이 생기면 **우리 천재**를 잘 부탁드립니다."

아빠 입에서 내 이름이 나오자 가슴이 뭉클해졌어. 역시 우리 아빠로 돌아온 거 아닐까?

"아니라고!"

탐정 유령이 다시 한번 딱 잘라 말했어. 알았다고!

    캠핑지기 아저씨는 바지를 툭툭 털더니 손전등을 들고 밖으로 나갔어. 아빠는 그 뒤를 쫓고, 나는 그 뒤를 쫓아갔지. 군데군데 가로등이 켜져 있었지만 캠핑장은 몹시 어두웠어. 전망대 쪽은 더 어두웠고, 쾨쾨한 물 냄새까지 올라와 귀신이 나올 것 같았어.

"어디에서 보셨다고요?"

    아빠는 2m 높이의 전망대 위를 가리켰어. 어둠 속에서 본 전망대는 꽤 높고 아찔했어. 게다가 사다리는 거의 부서져 있었어. 정말 무거운 곰이 오르기라도 한 것처럼.

    캠핑지기 아저씨는 사다리를 고치기 시작했어. 다행히 세로로 길게

이어진 통나무는 멀쩡해서 발판으로 삼을 7개의 나무들만 다시 박으면 되었어.

　탐정 유령은 캠핑지기 아저씨가 사다리를 만드는 사이에 전망대로 올라갔다 왔어.

"천재야, 위에 아무것도 없어. 곰은커녕 나방 한 마리도 없어."

　하루는 왜 전망대에 올라가려고 할까? 고민하는 사이에 캠핑지기 아저씨가 사다리를 다 만들었어.

"발판 간격을 일정하게 했으니 염려 말고 올라오세요."

　캠핑지기 아저씨는 성큼성큼 사다리를 타고 전망대 위로 올라갔어. 아빠도 성큼성큼, 나도 불길한 예감을 꾹꾹 누르며 따라 올랐지.

"천재는 위험하니까 밑에서 기다려라."

　캠핑지기 아저씨가 나를 돌아보며 말했어. 아저씨가 나를 생각해서 해 주는 말이라 고맙기는 한데, 솔직히 이런 말은 우리 아빠가 해 줘야 하는 거 아니야? 아빠 속에 하루가 들어 있어서 그런 건 알지만, 그래도 섭섭했어.

　캠핑지기 아저씨가 맨 먼저 전망대 위에 올라섰어. 아빠도 올라섰어. 나는 사다리 중간에 서서 두 사람을 쳐다보았어.

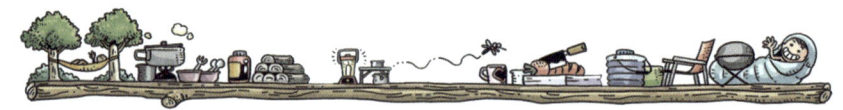

"아무것도 없습니다. 내려가지요."

"잠깐만요."

아빠는 날쌔게 뛰어올라 캠핑지기 아저씨를 전망대 난간 쪽으로 세게 밀었어. 아저씨는 깜짝 놀라 한 손으로 난간을 힘껏 붙잡았어. 그 바람에 오히려 아빠 몸이 전망대 밑으로 떨어질 뻔했어. 아저씨가 다른 손으로 겨우 아빠를 붙들었지.

"천재 아버님, 왜 이러세요?"

캠핑지기 아저씨가 놀라 물었어. 하지만 몸의 균형을 잡은 아빠는 다시 아저씨한테 달려들었어. 두 사람은 엎치락뒤치락 뒹굴며 전망대 위를 굴러다녔어. 그러다가 난간이 부서진 전망대 끝 부분까지 다다랐지. 한 번만 더 구르면 전망대 아래로 떨어져 저수지의 검은 물속으로 빠질 것 같았어.

"아빠, 아빠, 안 돼요! 아빠!"

울면서 뛰어올라가 아빠를 붙잡았어. 아빠는 나를 뿌리쳤어. 하마터면 나도 전망대 아래로 굴러떨어질 뻔했어. 탐정 유령이 나를 안전하게 붙잡았어. 나는 겁에 질린 채 두 사람을 쳐다보았어. 아빠는 어떻게 해서든지 캠핑지기 아저씨를 안고 전망대 아래로 떨어지려 했어.

도저히 두고 볼 수 없었어.

"아빠, 아빠, 제발 정신 차려요. 아빠 몸속에서 하루를 내쫓고 우리 아빠로 돌아와요. 나는 아빠가 정말 필요해요. 아빠가 없으면 안 돼요. 내가 아빠를 정말 사랑한다고요!"

그 순간 아빠가 몸을 비틀더니 안전한 전망대 가운데로 넘어졌어. **탐정 유령**은 재빨리 우리 아빠와 캠핑지기 아저씨 사이로 들어가 몸을 부풀렸어. 아빠는 캠핑지기 아저씨를 붙잡으려 애쓰다가 벌렁 누워 울부짖었지.

"왜, 왜 안 되는 거야? 왜 천재 아빠의 몸이 왜 내 의지대로 움직여지지 않는 거야? 왜 우리 아빠를 안고 전망대 아래로 떨어져지지 않는 거지? 내가

유령이라 아빠와 살 수 없으니 아빠를 유령으로 만들려는데 왜 안 되냐고!"

하루가 우리 아빠의 입을 빌려 소리를 쳤어.

오! 하루가 우리 아빠의 몸을 마음대로 조종하지 못해서 정말 다행이야. 고마워, 아빠. 하루가

시키는 대로 하지 않아서 정말 고마워.

"하루야, 천재 아빠는 절대로 자신의 몸을 상하게 하지 않을 거야. 하루 네가 무슨 짓을 해도 저 아래로 떨어지지 않을 거야. 유령인 네게 홀렸지만, 천재 아빠의 몸에는

아들에게 상처를 주는 일은 하지 않겠다는 굳은 의지가 들어 있거든. 부모의 마음은 그런 거야."

탐정 유령이 말했어. 나는 아빠를 끌어안고 엉엉 울었지. 하루도 울음을 터트렸어. 캠핑지기 아저씨가 당황한 표정으로 우리를 쳐다보았어.

사다리의 간격을 똑같이 만들려면?

전망대의 높이는 2m, 사다리의 발판으로 쓸 나무는 모두 7개야. 7개의 발판으로 만든 사다리는 모두 8칸이 되므로, 각 칸의 간격을 똑같이 만들려면 전체 길이를 8로 나누면 돼. 이 문제의 경우 사다리에 쓰일 나무의 두께는 생각하지 말고 계산해 봐.

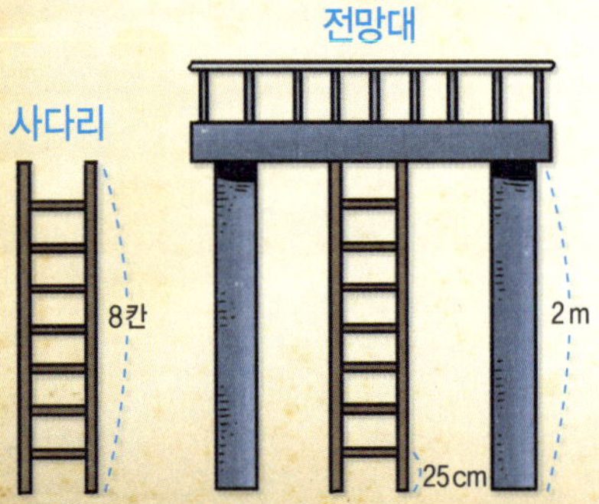

2m는 200cm.
200÷8=25(cm).
사다리 한 칸의 간격은 25cm라는 걸 알 수 있겠지?

미지의 세계로 탐험을 떠난 수학자

수학자들은 책상에 앉아 숫자 계산만 할 것 같지만 엄청난 짐을 싸 들고 탐험을 떠난 용감한 수학자도 있다. 프랑스의 수학자이자 박물학자인 라 콩다민은 1735년에 탐험대와 함께 적도 부근의 남아메리카로 탐험을 떠났다. 지구의 정확한 형태를 알아내기 위해 적도의 자오선 길이를 측정하러 간 것이다.

당시 유럽인들에게 남아메리카는 신비로 가득한 미지의 세계였고, 그만큼 위험하기도 했다. 하지만 라 콩다민과 탐험대는 8년 동안 남아메리카의 에콰도르 지역을 탐험하며 임무를 마쳤고, 이후 탐험대는 파리로 돌아갔지만 라 콩다민은 아마존 강으로 향했다. 아마존 강을 탐험하던 라 콩다민은 아마존의 지도를 그리고, 고무, 카니네 등의 열대작물을 서양에 소개했다.

13

수학 탐정 유령, 아빠를 구해 줘!

   나는 울음을 그치고 캠핑지기 아저씨에게 하루의 이야기를 들려주었어. 이번에는 아저씨도 믿는 눈치였어. 두 손으로 머리를 쥐어뜯으며, 좁은 전망대 위를 왔다 갔다 하며 어쩔 줄 몰라 했어. 마침내 캠핑지기 아저씨가 우리 아빠를 보며 물었지.
   "정말 우리 하루……요? 우리 하루가 천재 아빠 몸속에 들어 있……소?"
   캠핑지기 아저씨의 목소리가 떨렸어. 우리 아빠의 모습을 한 하루에게 존댓말을 써야 할지 편하게 반말로 해야 할지 헷갈리는 모양이었어. 하지만 하루는 그런

고민은 눈곱만큼도 하지 않은 채 밝고 경쾌하게 말했지.

"아빠, 우리 여기서 캠핑할 때 정말 재밌었죠? 우리가 유령 흉내를 내서 엄마가 막 울었던 것 기억나요?"

"그래, 엄마가 복수하겠다며 너 머리 감을 때 샤워장의 유령 흉내 낸 거 기억나?"

캠핑지기 아저씨와 하루는 별로 웃기지도 않은 이야기를 하며 깔깔거렸어.

"그거 다 진짜 유령이에요. 샤워장에 정말로 유령 있거든요."

난 샤워장에서 마주친 샴푸 유령 얘기를 해 주려고 했어. 하지만 하루와 캠핑지기 아저씨는 눈을 동그랗게 뜨고 나를 쳐다보다가 다시 둘이서 눈을 맞추고 깔깔 웃었어. 나는 눈물이 나는데! 우리 아빠와 눈을 맞추고 웃어야 할 사람은 바로 나야.

"조금만 기다려. 아빠는 돌아올 거야."

탐정 유령이 내 손을 꼭 잡으며 속삭였어. 다정한 형처럼. 그런데 형이 있는 친구들이 그러는데 세상에 다정한 형 같은 건 없대. **때리는 형**, **뺏는 형**, **소리치는 형**, 내가 다른 사람에게 뭐가 뺏기면 찾아다 주는 **의리 있는 형**은 있지만 다정하게 손잡아 주는 형 같은 건 세상에 존재하지 않는대.

"아빠, 우리 같이 살아요. 난 천재 아빠의 몸에 계속 있을 수 있어요. 그러니까 같이 살아도 하나도 안 불편해요."

하루는 정말 우리 아빠를 영영 뺏어 가려나 봐. 안 돼! 나는 아빠에게 매달려 소리쳤어.

"하루 너, 나와. 빨리 우리 아빠 몸에서 나와. 아빠, 하루 유령을 쫓아내고 정신 좀 차려 봐요, 네?"

"왜 그래? 네가 너희 아빠를 내게 넘겼잖아. 너한테 별로 필요도 없다며?"

"그건 그냥 하는 말이지. 아빠가 필요 없는 사람이 어디 있나?"

절대로 아빠를 뺏기지 않을 테야. 필요 없고, 귀찮고, 성가셔도 지킬 테야. 사실은 필요하고, 소중하고, 사랑한다고. 우리 아빠니까.

다행히 캠핑지기 아저씨도 하루의 생각에 반대했어.

"하루야, 천재에게서 아빠를 뺏을 수는 없어. 그건 안 되는 일이야. 어서 천재 아빠의 몸을 돌려주렴."

"싫어요!"

"아빠에게 다른 방법이 있어. 어서!"

"아빠……."

하루는 우리 아빠의 몸으로 캠핑지기 아저씨를 꼭 껴안았어. 가슴이 조마조마했어. 두 사람이 떨어질 때까지 마음을 놓을 수 없었지. 또 무슨 일이 생길까 봐.

"알겠어요. 아빠 말 들을게요. 난 착한 딸 하루니까."

밝은 빛이 아주 잠깐 번쩍이더니 하루가 아빠의 몸에서 나왔어. 아빠는 여전히 잠이 든 상태였어. 아빠가 이 끔찍한 일을 영원히 기억하지 못했으면 좋겠어.

"하루야, 대신 아빠가 유령이 될게. 우리 함께 살자."

캠핑지기 아저씨는 순식간에 전망대 아래로 몸을 던졌어. 나는 두 손으로 눈을 가렸어.

"안 돼!"

검은 하늘에 하루의 비명이 울려 퍼졌어. 심장이 쿵 내려앉는 것 같았어.

유령을 볼 수 있게 되면서 그동안 많은 유령 사건들을 만났어. 유령 사건을 해결해 달라며 나를 찾아온 유령들 때문에 괴롭기도 했고, 미로에 영영 갇힐 뻔도 했어. 나쁜 마음을 먹은 유령들에게 납치된 친구를 찾아 유령 묘지를 헤매기도 했지. 하지만 이렇게 끔찍하게 무서웠던 적은 없었어. 숨이 막힐 것 같아. 탐정 유령, 도와줘…….

그때 까맣게 감은 눈 사이로 보름달처럼 환한 빛이 들어왔어. 나는 눈을 가린 손을 내렸어. 몸을 열기구 풍선처럼 부풀린 탐정 유령이 캠핑지기 아저씨를 태우고 둥실 떠올랐지.

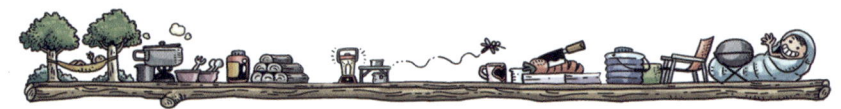

"천재야, 놀랐지? 네가 도와 달라고 해서 내가 목숨을 걸고 캠핑지기를 구했어. 아이고, 무거워라. 좀 내려 봐."

나는 캠핑지기 아저씨를 전망대 바닥으로 끌어내렸어. 하루가 아저씨의 품에 와락 안겼어.

"아빠가 유령이 되는 거 싫어요. 아빠는 더 살아야 해요. 아빠의 웃음이 보고 싶어요. 다시 **비행기 조종사**로 돌아가요. 아빠랑 같이 지내고 싶지만 그건 나중, 나중, 나중으로 미룰래요. 난 아빠가 행복했으면 좋겠어요."

캠핑지기 아저씨가 눈을 떴어. 아저씨는 두 팔을 허우적거리며 하루를 어루만졌어.

"우리 딸 여기 있니?"

"네, 아빠. 우리 맛있는 캠핑 요리 해 먹어요. 우리 캠프파이어도 해요."

캠핑지기 아저씨의 눈에 눈물이 그렁그렁 맺혔어.

그 모습을 보며 나는 아빠의 손을 꼭 잡았어. 아빠가 쩝쩝거리며 잠에서 깨어났어.

"음냐, 천재야, 여긴 어디야? 내가 왜 여기서 자고 있냐?"

나는 아빠한테 와락 안겼어. 아빠는 영문을 몰랐지만 나를 꼭 안아 주었어.

"천재야, 지금 몇 시냐? 왜 이렇게 배가 고프지? 얼른

저녁 먹자."

우리는 텐트로 돌아왔어. 아빠는 새로 산 더치오븐을 꺼냈어.

"여기다 통삼겹살을 구워 먹으면 진짜 맛있대."

난생 처음 보는 저 요상한 냄비로 맛있는 요리를 할 수 있을까 살짝 걱정이 되었지만 아빠한테 맡겨야지. 사실 너무 배가 고파서 돌멩이라도 씹어 먹을 수 있을 것 같았어.

"빨리 고기 좀 구우라고 해. 난 12시가 되기 전에 하루를 데리고 떠나야 해."

탐정 유령은 자기가 신데렐라라도 되는 듯 서둘렀어. 하는 수 없이 나도 아빠를 재촉했어.

"아빠, 얼른 고기 구워 먹어요. 배고파 죽겠다고요."

"알았어. 내가 미리 삼겹살을 양념에 재워 왔지. 사실은 네 엄마가 준비해 줬지만. 하하!"

"불은 제가 피울게요."

캠핑지기 아저씨는 숯에 불을 붙였어. 우리 아빠가 불 피우는 것에 조금 약하잖냐! 숯에 불이 붙으면서 매캐한 연기가 피어올랐어. 하루는 콜록콜록 기침을 하면서도 캠핑지기 아저씨 곁에 꼭 붙어 있었지. 탐정 유령은 고기를 준비하는 우리 아빠와 불을 준비하는 캠핑지기 아저씨

사이를 날아다니며 쿵쿵거렸어.

"벌써 7시 42분이야. 고기는 언제 익는 거야?"

바로 그때 아빠가 고기를 오븐에 올렸어.

"먼저 27분을 익힐 거야. 그 다음에 소시지랑 양파랑, 감자를 넣고 19분을 더 익히면 맛있는 캠핑 요리 탄생!"

  우리는 구수한 고기 냄새를 맡으며 꼬르륵거리는 배를 부여잡고 기다렸어. 군침이 질질 흘러서 입을 벌릴 수 없을 정도였어. 아빠는 눈도 꿈뻑하지 않은 채 시계를 보고 있다가, 시간이 되자 재빨리 뚜껑을 열고 젓가락으로 고기를 찔러 보았지.

"아직이네. 딱 3분만 더 익히자."

그 짧은 3분이 3시간처럼 길게 느껴졌어. 내 배는 너무 지쳐 더 이상 **꼬르륵 소리**도 내지 않았지. 3분 뒤 아빠는 다시 뚜껑을 열었어.

"다 익었다."

아빠가 고기를 꺼내 한 점 썰기가 무섭게 탐정 유령과 내가 달려들었어. 더치오븐에 익힌 삼겹살은 내 인생 최고의 맛이었어. 탐정 유령도 그렇겠지?

더치오븐 요리는 몇 시에 끝났을까?

요리를 시작한 시간은 7시 42분이야. 고기 익히는 데 27분, 소시지 등 사이드 메뉴 익히는 데 19분, 거기에 3분을 더 더해 계산해 보자.

요리 시작 시간 →	7시 42분
고기 익힌 시간 →	+ 27분
	7시 69분
(1시간은 60분) →	(60분 9분)
	8시 9분
사이드 메뉴 익힌 시간 →	+ 19분
	8시 28분
더 익힌 시간 →	+ 3분
요리 종료 시간 →	8시 31분

따라서 요리가 끝난 시간은 8시 31분이야.
다른 방법으로 계산해 볼까?
요리 시간만 더하면 27(분)+19(분)+3(분)=49(분),
7시 42(분)+49(분)=8시 31(분)이야.

캠핑장 유령들의
마지막 캠프파이어

"우리 캠프파이어 해요!"

밥을 다 먹자마자 하루가 소리쳤어. 하루의 말이 끝나자마자 캠핑지기 아저씨도 말했어.

"천재 아버님, 이제 캠프파이어를 할까요? 제가 장작을 좀 가져올게요."

캠핑지기 아저씨는 하루의 목소리를 못 듣지만 마음이 통하나 봐. 우리 아빠는 캠프파이어란 소리를 듣자마자 입을 함박만 하게 벌리고 웃었어.

"오! 캠프파이어! 좋지, 좋아요."

캠핑지기 아저씨가 장작을 가지러 간 사이 아빠는 갑자기

땅을 파기 시작했어.

"어릴 때 아버지를 따라 낚시를 다녔는데, 밤이면 모닥불을 피웠어. 이렇게 땅을 10~20cm쯤 파서 모닥불을 피우면 불이 오래 가고 좋아. 파낸 흙은 나중에 재를 덮을 때 쓰면 돼."

아빠는 신나게 흙을 파기 시작했어. 하지만 하루는 고개를 저었지.

"안 돼. 안 돼. 땅에 바로 불을 피우면 자연이 파괴돼! 요즘엔 화로 위에 불을 피워."

하루의 말에 나무를 꺾었다며 화를 내던 **나무 유령**의

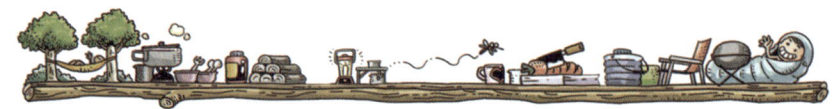

모습이 떠올랐어. 나는 삽을 쥔 아빠의 손을 덥석 잡았어. 아빠가 신나서 하는 일을 말리려니 좀 미안했지만 어쩔 수 없었어. 그런데 나, 언제부터 이렇게 우리 아빠의 마음을 헤아리게 된 거냐? 갑자기 효자가 되어도 부작용은 없는지 몰라.

"아빠, 화로 위에 캠프파이어를 피우면 어때요? 불 끄기도 편하고."

"음, 좋아. 네가 괜찮다면 나는 다 좋아."

캠핑지기 아저씨가 아주 커다란 화로를 가져왔어. 아빠는 그 위에 장작을 쌓았어. 세모를 엇갈리게 놓아 별 모양으로 쌓았지.

"안 돼. 이렇게 쌓으면 너무 빨리 타. **피라미드 모양**으로 쌓아야지. 그래야 오래 탄다고!"

하루는 또 우리 아빠가 한 일에 트집을 잡았어. 나는 기분이 나빠서 쏘아붙였어.

"뭘 그렇게 오래 태우려고 해? 불 옆에서 오래 놀면 밤에 자면서 오줌만 싸지!"

"쳇, 너나 그러지. 난 한 번도 그런 실수해 본 적 없어."

"흥! 오늘 하겠지."

하루와 나는 아주 유치한 말다툼을 벌였어. 탐정 유령이

우리 둘의 이마에 콩콩 매운 꿀밤을 줬어.

"아이고 참, 천재야. 하루는 캠프파이어가 끝나면 유령 세계로 가야 하니까 아쉬워서 그렇지. 하루 너도! 천재 아빠가 하는 일마다 틀렸다고 말하면 천재 기분이 어떻겠냐? 자, 내가 정해 줄게. 장작은 우물 정(井)자 모양으로 쌓도록 하자. 별 모양보다는 오래 타고, 피라미드 모양보다는 빨리 타게. 적당하지?"

탐정 유령은 볼을 빵빵하게 만들더니 훅 바람을 불어 아빠가 쌓은 장작을 무너뜨렸어.

"아유, 바람이 불어서 장작이 무너졌네. 아빠, 내가 다시 쌓을게요."

나는 자연스럽게 우물 정자 모양으로 장작을 쌓았어.

불을 붙이자 캠프파이어가 멋지게 타올랐어.

타닥타닥 불꽃이 하늘 높이 올라갔어. 내가 꿈꾸던 캠핑의 모습이 바로 이거였어.

"천재야, 어떠냐? 아빠랑 캠핑 오니까 되게 좋지 않냐? 나같은 아빠가 또 어딨냐?"

아빠는 스스로에게 취해 입이 귀에 걸렸어. 아빠가 행복한 모습을 보니 내 기분도 나쁘지 않네. 사실은 매우 기쁘네.

"천재야. 널 위해 캠프파이어의 꽃, 마시멜로 꼬치를 준비해 왔단다. 짠!"

아빠가 준비해 온 통을 활짝 열었어. 하얀색, 노란색, 하늘색, 초록색 등 온갖 색깔의 마시멜로가 가득 들어 있었어.

"마시멜로를 꼬치에 꽂아 구워 먹으면 초딩 입맛에 딱이지. 밤이랑 고구마도 좀 가져왔어. 마시멜로가 느끼하면 같이 먹어."

아빠는 마시멜로를 꼬치에 척척 껴서 캠프파이어의 불 가까이 갖다 댔어.

"앗! 뜨거워."

아빠는 마시멜로 꼬치를 불 속에 던져 버리고 제자리에서 홀딱홀딱 뛰었어. 불길이 꼬치를 타고 올라온 거야.

"천재 아버님, 불길이 너무 세서 그래요. 좀 잦아들면 구워야 하니 그때까지 서로 이야기도 나누고, 노래도 하고, 별도 보고 그러지요."

방금 배 터지게 고기 먹었는데 멋진 캠프파이어를 앞에 두고 또 먹기만 할 순 없지. 우리는 불꽃을 쳐다보며 그냥 있었어. 게임을 하자니 숫자가 너무 적고, 다정하게 이야기를 나누자니 남자 셋이라 어색하고. 하루는

여자애지만 유령이라 보이지 않으니 말이야. 그런데 불꽃이 사그라지는 모습을 가만히 보고 있는 것도 참 좋더라.
이것도 캠핑의 매력이겠지?

불꽃이 사그라들면서 장작이 붉게 이글거리기 시작했어. 아빠는 은박지에 싼 밤과 고구마를 던져 넣었어. 탁탁, 소리가 날 때마다 우리는 괜히 웃었어.

"이제 마시멜로를 구워도 되겠지? 아빠가 다시 마시멜로 비비큐를 만들어 줄게. 어떻게 꽂아야 가장 맛있을까?"

아빠는 색색의 마시멜로를 신중하게 골라 막대에 꽂았어. 나뭇잎처럼 싱그러운 초록색 마시멜로 1개, 구름처럼 하얀 마시멜로 1개, 개나리처럼 노란 마시멜로 2개, 가을 하늘 같은 하늘색 마시멜로 3개. 아빠는 마시멜로 꼬치를 장작불에 살짝 구워 내게 내밀었어.

"아이코!"

아빠는 정성껏 구운 **마시멜로 꼬치**를 떨어뜨릴 뻔했어. 하지만 내가 누구야? 천재적인 머리 못지않게 순발력도 좋은 안천재 님이시잖아. 떨어지려는 꼬치 막대 끝을 날래게 잡아들었어. 마시멜로를 입속에 넣으려는 순간, 눈물이 핑 돌았어. 그냥 마시멜로 꼬치일 뿐인데 왜 감동적이지?

"너희 아빠 꽤 괜찮은데 왜 나한테 넘긴 거야?"
하루가 내 마시멜로를 뜯어 먹으며 물었어. 그 얘긴 이제 그만하라고! 미안하고 민망해서 견딜 수 없다고. 나는 하루를 무시하고 아빠 옆에 딱 붙었어.
"나도 아빠 거 해 줄게요."
아빠만큼 예쁘고 맛있는 걸로 고르기 위해 한참 동안 마시멜로 통을 쳐다봤어.

"피보나치 수열 꼬치를 만들어야지. 너희 아빠처럼."

탐정 유령이 내 마시멜로 꼬치를 보며 말했어. 그러고 보니 마시멜로 꼬치는 1, 1, 2, 3. 피보나치 수열로 꽂혀 있었어. 아빠는 수학을 엄청

못하는데, 내 수학 공부를 위해 일부러 피보나치 수열 꼬치를 만들었을까? 그렇다면 나도 질 수 없지.

"마시멜로랑 아빠의 촌스러운 입맛을 잡기 위한 구운 밤도 듬뿍."

나는 아빠를 위해 4가지 색깔의 마시멜로와 구운 밤으로 기다란 **피보나치 수열 꼬치 바비큐**를 만들었어.

"오호! 구수하고 달콤하고 부드럽고, 끝내주는데!"

아빠는 맨 위에 꽂힌 밤부터 하나씩 빼 먹으며 껄껄 웃었어. 아빠의 웃음소리는 밤하늘에 넓게 퍼졌어. 자식의 웃음소리는 부모를 행복하게 한다지? 부모의 웃음소리도

자식을 무척 행복하게 만든다는 것을 처음 알았어. 떼쟁이 유령의 투정은 어린이를 힘들게 만든다는 것은 전부터 알고 있었지만 말이야. 탐정 유령이 내 옆에 딱 붙어서 아빠만큼 긴 꼬치를 만들어 달라고 징징거렸거든. 아무래도 우리 아빠를 질투하는 것 같아.

  나는 짧은 나뭇가지로 탐정 유령을 위한 짧은 꼬치를 만들어 줬어. 탐정 유령 몸은 지금도 너무 푸짐해서 단 음식을 많이 먹으면 안 되거든.

  "이건 너무 짧아. 불에 굽기도 힘들잖아. 앗, 뜨거! 앗, 뜨거."

  탐정 유령은 호들갑을 떨며 마시멜로 꼬치를 구워 먹었어. 이제 헤어져야 할 하루와 캠핑지기 아저씨의 이별이 너무 무거워지지 않도록 일부러 푼수처럼 구는 것 같았어. 하루도 이제는 그 마음을 알았나 봐.

  "하루야, 이제 때가 된 것 같은데?"

  탐정 유령이 말하자 하루는 싱긋 웃으며 고개를 끄덕였어.

  하루는 캠프파이어 불꽃으로 다가갔어.

  "천재야, 아빠에게 말해 줘. 하루는 아빠에 대한 미련을 이 불꽃에 던져 넣는다고."

우리 아빠에게 들리지 않게, 캠핑지기 아저씨에게 전해 주었어. 아저씨는 고개를 끄덕이며 불꽃을 바라보았어. 하루는 품에서 작은 봉투를 꺼냈어.
"아빠의 머리카락이야. 유령이 어떤 사람의 머리카락을 갖고 있으면, 그 사람은 유령을 떠나지 못한대. 그래서 아빠가 나를 마음속에 묻지 못한 거야. 내가 붙들고 있어서

말이야. 내가 이 머리카락을 버리면 아빠는 나를 마음속에 묻고 새 삶을 시작할 수 있어. 아빠, 행복해야 해. 이젠 정말 아빠를 놓아 줄게. 많이, 많이 행복하게 살다가 나중에, 아주 나중에 만나자, 우리."

 하루는 눈물을 **뚝뚝** 흘리며 머리카락을 불 속에 던졌어. 갑자기 불꽃이 화르르 크게 타올랐어.

 "아이고! 불이 왜 이렇게 커졌냐? 마시멜로 굽다가 손가락 구울 뻔했네. 천재야, 너한테는 불꽃이 안 튀었어?"

 아무것도 모르는 아빠는 마시멜로를 내던지고 펄쩍펄쩍 뛰었어. 아빠 때문에 이별의 분위기가 조금 깨졌지만 오히려 다행이었어. 눈물을 뚝뚝 흘리던 아저씨와 하루가 미소를 지었거든. 하루는 아저씨에게 다가가 눈물을 닦아 주었어. 손으로 머리카락도 쓸어 올려 주었지.

 "천재야, 우리 딸이 내 눈물을 닦아 주니?"

 아저씨가 조용히 물었어. 나는 말없이 고개를 끄덕이다 밤하늘을 올려다보았어. 별들이 쏟아질 듯 반짝거렸어.

 이제 정말 유령들이 떠날 시간인가 봐. 탐정 유령은 유령 산에 떠돌던 거지 동물 유령들과 하루를 데리고 하늘 높이 올라갔어. 줄지어 떠 있는 유령들은 꼭 은하수 같았지. 탐정 유령이 하늘 높은 곳에서 나를 보고 물었어.

"천재야, 고개를 들면 뭐가 보이니?"

나는 고개를 번쩍 들었어. 까만 밤하늘에 점점이 박힌 별들이 쏟아질 듯 빛을 내뿜고 있었어. 강렬한 별빛은 내 기억 속에서 유령 친구들에 대한 부분을 모조리 빨아올렸지. 탐정 유령이 또 내 유령 기억을 사라지게 하려는 거야. 그러지 않아도 되는데! 유령 친구들과 함께한 소중한 내 추억인데……. 탐정 유령에게 말하려고 했는데 말이 나오지 않았어. 몽롱하고 나른한 기분이 들면서 저절로 눈이 감겼지.

"천재야, 은하수다!"

아빠 목소리야! 나는 번쩍 눈을 떴어.

"어디, 어디요?"

깜깜한 하늘 저 멀리에 뿌연 연기가 피어나는 것 같았어. 아니, 둥실둥실한 유령들이 손을 잡고 하늘 높이 올라가는 것 같기도 했지.

사실은, 잘 모르겠어. 어디가 은하수인지, 어느 것이 내 탄생 별자리인 사수자리인지……. 밤하늘을 암만 쳐다봐도 별자리는 하나도 못 찾겠지만 이렇게 많은 별들 중 내 친구가 사는 별이 하나 정도는 있을 것 같은 묘한 느낌이 들었어. 별에 사는 친구면 외계인일까? 주리의 말처럼 별에

사는 **외계인 유령**일까? 아웅, 졸려. 캠핑 와서 산에 한 번 가고, 밥 두 번 먹은 기억밖에 없는데, 엄청나게 복잡한 사건에 휘말렸던 것처럼 왜 이렇게 피곤하냐!

피보나치 수열대로 꽂은 꼬치 비비큐

피보나치 수열은 이탈리아의 수학자 피보나치가 발견한 규칙적인 수의 배열이야.

1 1 2 3 5 8 13 21······.

이렇게 무한대로 계속되지. 피보나치 수열의 규칙은 앞의 두 수를 더하면 뒤의 수가 나오는 거야.

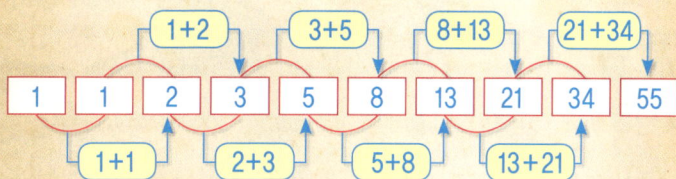

천재가 만든 꼬치는 어떤 모양이었을까? 마시멜로의 순서는 달라도 되지만 맨 마지막에 밤을 꽂아야 해. 그래야 아빠가 밤부터 빼 먹을 수 있겠지?

마시멜로의 순서는 달라도 된다고 했지? 마시멜로의 색깔을 다른 순서로 한번 꽂아 볼래?

에필로그

캠핑장의 진짜 사나이

  이른 아침, 우리를 깨운 캠핑지기 아저씨는 도무지 알아들을 수 없는 말을 했어. 무슨 뜻인지도 모른 채, 나는 고개를 끄덕이며 숨만 크게 쉬었지. 캠핑장의 아침 공기가 정말 상쾌했거든. 콧구멍이 두 배나 넓어지는 것 같지 뭐야. 귓구멍도. 새들이 엄청 시끄럽게 울어댔거든. 그래도 도시에서 맨날 듣던 시끄러운 자동차 소리보다는 훨씬 좋았어.
  근데 캠핑지기 아저씨가 뭐라고 했지?
  "천재야, 고맙다, 고마워. 네 덕분에 좋은 추억을 남겼어."
  아저씨는 내 어깨를 안아 주며 엄청 친한 척을 했어.

겉모습과 달리 다정다감한 닭살 성격인가 봐. 엊저녁에 함께 캠프파이어를 했을 뿐인데, 너무 친한 척하시는걸! 그런데 등에 맨 커다란 배낭은 뭐야? 아침부터 어디 가시나?

"난 집으로 돌아가기로 했다. 너는 잘 놀다 가거라."

캠핑지기 아저씨는 자동차를 타고 붕 가 버렸어. 캠핑 초보인 우리만 놔두고 말이야. 우리 차는 고장 났는데! 우리 아빠는 가스 스토브도 혼자 켤 줄 모르는데 어쩌라고!

"천재야, 우리도 집에 갈까? 내가 왜 캠핑을 와서 사서 고생인지 모르겠어. 너도 별로 재미 없었지?"

 아빠가 시무룩하게 물었어. 아빠의 기를 살려 주려고 나는 일부러 명랑하게 대답했지.
 "아니에요, 아빠. 난 캠핑이 아주 좋아요. 다음에 또 와요. 다음에는 나도 더 잘할 수 있어요."
 사실, 캠핑이 조금 좋아지기도 했어. 산에서 노는 것도 재밌고, 캠프파이어도 멋지고, 캠핑 요리는 끝내주고…….
 하지만 오늘 아침은 굶게 될 확률 90%.
 "그럴까? 그럼 라면이라도 끓여 먹게 불을 켜 볼까? 옆에서 보니까 별거 아니더라고. 아빠도 불을 켤 수 있을 것 같아."
 아빠는 작은 스토브 앞에서 한참을 낑낑대더니 마침내 불을 확 켰어.
 "와!"
 우리는 불을 맨 처음 발견한 **원시인**들처럼 기뻐하며 두 손을 맞잡고 방방 뛰었어. 아빠와 그런 민망한 세레머니를 한 건 일곱 살 때 이후 처음인 것 같아. 불을 피웠다는 기쁨이 조금 가시자 아빠와 나는 맞잡은 두 손을 어떻게 해야 하나 고민하며 머뭇거렸어.
 바로 그때 부르릉 소리를 내며 택시 한 대가 캠핑장으로 들어왔어. 유령이 나타난다는 이 무시무시한 캠핑장에 제

발로 찾아온 간 큰 사람은 누구일까?

바로 용감한 우리 엄마!

엄마는 흰둥이를 품에 안고 우아하게 택시에서 내렸어. 왈왈왈, 흰둥이는 엄마 품을 벗어나 내게 달려왔지.

"잘들 하고 있는 거야?"

"엄마!"

잔소리 대마왕 엄마가 이렇게 반가울 수가! 나는 엄마를 와락 껴안고 말았어. 엄마도 나를 꼭 안고 뒤통수를 쓰다듬어 줬어.

"아들, 재밌었니? 남편, 어땠어? 나도 캠핑 한번 해 보고 싶어서 왔지. 어때? 뭐 했어? 응?"

"어서 와. 잘 왔어. 내가 얼마나 멋진 진짜 사나이인지 보여 줄게. 자연으로 나오면 아빠, 남편이 얼마나 소중한 존재인지 알게 된다고!"

아빠는 잔뜩 뻐기며 아침 준비를 시작했어. 엄마는 텐트 안팎을 살피며 지난밤 우리의 흔적을 찾았지.

"캠핑 오면 재미있는 놀이도 많이 한다던데 뭐 했어?"

"엄청 재밌는 게임을 얼마나 많이 했다고요! 엄마도 나랑 **캠핑 게임** 할래요?"

나는 바닥에 널브러진 침낭을 엄마에게 밀었어.

"여기 침낭주머니에 침낭을 누가 더 빨리 넣나 시합하는 거예요."

"좋아! 주부 9단의 솜씨를 보여 주마. 시작!"

엄마는 침낭을 꼼꼼하게 접어 주머니에 넣었어. 나는 주머니에 마구잡이로 쑤셔 넣었지. 누가 이겼냐고?

바로 나, 안천재.

"와! 아무렇게나 쑤셔 넣는 게 더 빠르단 말이야? 어쩜 네 성격과 그렇게 똑같니. 캠핑이란 정말……."

엄마는 내게 잔소리를 하려다 말고 미소를 지었어. 하지만 잔소리를 계속했어도 상관없었을 거야. 내가 잔소리 모드를 끄고 화해 모드를 입력했거든. 화해 모드가 감당이 안 될 정도로 엄마의 잔소리가 심해지면? 그때를 대비해 다른 방법도 생각해 뒀어. 나도 같이 잔소리 공격을 해 주는 거지! 어때, 제법 괜찮은 아이디어지?

'엄마가 주부 9단이라고요? 엄마 요리 솜씨를 좀 생각하고 말하세요. 제가 왜 학교 급식을 제일 많이 먹는 줄 알아요? 엄마 요리가 너무 맛없어서 다른 음식은 다 맛있단 말이에요. 그리고 엄마는 맨날 깜빡깜빡하잖아요. 내가 엄마 휴대 전화를 찾아 준 적이 몇 번이나 있는지 기억해요? 그것도 깜빡했죠?'

뭐, 이렇게. 하지만 잔소리 공격은 최후의 순간까지 남겨 두기로 했어. 나는 평화주의자, 우리 엄마 아빠의 **사랑스러운 아들 안천재**니까.

캠핑 짐에 숨은 수학 비밀

자동차의 트렁크에 짐을 최대로 실으려면 짐 사이에 틈이 없도록 빽빽하게 쌓아야 한다. 일단 트렁크에 맞는 상자를 준비해 큰 상자를 먼저 집어넣고 남은 틈에 작은 상자들을 밀어 넣는다. 그러고도 틈이 남으면 옷이나 수건처럼 모양이 변형되는 짐을 사이사이 밀어 넣는다.

그렇다면 작은 상자 안의 짐은 어떻게 쌓을까?

작은 상자의 짐을 쌓는 데는 놀라운 수학 비밀이 숨어 있다. 1611년 수학자 케플러는 한정된 공간에 동그란 대포알을 가장 많이 쌓는 방법을 연구한 결과, 과일 가게에서 사과를 쌓는 모양이 가장 빽빽하게 많이 쌓는 방법이라는 것을 알아냈다.

짐이 공 모양이라면 사과 쌓는 방법으로 쌓으면 된다. 공 모양이 아니라면 물건끼리 최대한 많은 면이 닿도록 쌓고, 남는 공간은 쌀 봉지처럼 자유롭게 변형되는 물건을 넣어 채우면 된다.

초등 수학 교과 연계표

수학 개념	본 책	학년-학기	단원
각도(직각, 예각, 둔각)	83, 84, 86p	4-1	2. 각도
규칙 찾기	101p	4-1	6. 규칙 찾기
논리와 추론	151p	창의 수학	
단위와 단위 사이의 관계	49, 59p	3-1	5. 길이와 시간
문제해결	26, 27, 75, 162p	창의 수학	
분수의 덧셈과 뺄셈	106p	4-2	1. 분수의 덧셈과 뺄셈
분수의 덧셈과 뺄셈	111p	5-1	5. 분수의 덧셈과 뺄셈
수학자-라 콩다민	163p	수학 상식	
수학자-케플러	198p	수학 상식	
시간의 합과 차	172, 175p	3-1	5. 길이와 시간
시각과 시간	75p	2-2	4. 시각과 시간
입체도형의 모양	47p	5-2	5. 직육면체
입체도형의 모양	47p	6-2	6. 원기둥, 원뿔, 구
입체도형의 부피	32, 37p	6-1	6. 직육면체의 부피와 겉넓이
평면도형의 넓이	46p	5-1	6. 다각형의 둘레와 넓이
평면도형의 넓이	46p	6-2	5. 원의 넓이
평면도형의 회전과 대칭	121, 122p	3-1	2. 평면도형
프랙털	133, 137p	수학 상식	
피보나치 수열	184, 189p	창의 수학	

퀴즈! 과학상식 _{현83권}

엉뚱한 유머와 상상을 초월하는 재미가 가득!
쉽고 재밌는 과학·수학 원리가 머리에 쏙쏙!

1 동물	42 공포 독·가스
2 인체	43 공포 마술
3 우주	44 황당 과학
4 발명·발견	45 공포 과학 사건
5 물리·화학	46 공격·방어
6 날씨·환경	47 황당 수학
7 바다·해저	48 꼬질꼬질 과학
8 곤충	49 오싹오싹 과학
9 똥·방귀	50 미스터리 수학
10 로봇	51 공부 과학
11 몸속 탐험	52 공포 수학 사건
12 지구 탐험	53 미스터리 암호 과학
13 에너지	54 공포 퍼즐 수학
14 전기·자석	55 황당 추리 수학
15 독·희귀 동·식물	56 황당 수수께끼 과학
16 로켓·인공위성	57 황당 마술 수학
17 두뇌 탐험	58 황당 요리 수학
18 벌레	59 SOS 생존 과학
19 사춘기·성	60 공포 미로 수학
20 남극·북극	61 황당 암호 수학
21 동굴 탐험	62 SOS 쓰레기 과학
22 사막·정글	63 황당 캠핑 수학
23 질병·세균	64 황당 게임 수학
24 화산·지진	65 최강 개그 과학
25 불가사의	66 황당 요괴 수학
26 세계 최고·최초	67 황당 도형 수학
27 천재 과학자	68 황당 직업
28 파충류·양서류	69 황당 연산 수학
29 실험·관찰	70 황당 개그 수학
30 응급처치	71 황당 텔레비전 수학
31 미래 과학	72 황당 불량 과학
32 벌레잡이 식물	73 뇌와 인공 지능
33 식품·영양	74 최강 로봇 수학
34 스포츠 과학	75 빅데이터 과학
35 엽기 과학	76 드론 과학
36 공룡	77 가상 현실·증강 현실
37 별난 연구	78 사물 인터넷 과학
38 과학수사	79 황당 방송 과학
39 공포 과학	80 3D 프린팅 과학
40 공포 미스터리	81 엉뚱 실험 수학
41 별난 요리	82 황당 측정 수학
	83 유튜브 크리에이터

★퀴즈! 과학상식 시리즈는
계속 나옵니다.